Miljenko Jergović
Vater

Aus dem Kroatischen
von Brigitte Döbert

Schöffling & Co.

Der Verlag dankt dem Ministerium für Kultur
der Republik Kroatien für die
freundliche Förderung der Übersetzung.

Deutsche Erstausgabe

Erste Auflage 2015
© der deutschen Ausgabe:
Schöffling & Co. Verlagsbuchhandlung GmbH,
Frankfurt am Main 2015
Originaltitel: *Otac*
Originalverlag: Rende, Belgrad
Copyright © Miljenko Jergović 2010
Alle Rechte vorbehalten
Abdruck des Zitats von Milan Kundera aus:
Die unerträgliche Leichtigkeit des Seins. Roman.
Aus dem Tschechischen von Susanna Roth
© 1984 Carl Hanser Verlag München
mit freundlicher Genehmigung
Satz: Fotosatz Amann, Memmingen
Druck: Pustet, Regensburg
ISBN 978-3-89561-395-1

www.schoeffling.de
www.jergovic.com

Vater

I

Mein Vater ist gestorben. Donnerstag klingelte das Telefon, eine Frau, die ich vor langer Zeit und nur ein einziges Mal bei einer Lesung in Dubrovnik getroffen habe, meldete sich. Er sei gestern ins Krankenhaus gekommen, sagte sie.

Sie ist die Schwester von Vaters Frau, die ich noch nie getroffen habe.

Ich fragte, was er hat. Sie sagte: Diabetes, und seine Haut ist vermutlich voller Melanome, aber das wurde nicht untersucht. Außerdem hat er Dekubitus.

Sie sagte: Heute Nachmittag gegen zwei besuche ich ihn, ich würde Sie anrufen, damit Sie mit ihm reden können. Er ist seit einigen Tagen sehr unruhig.

Das Telefon klingelt um kurz nach zwei, während ich im Auto Richtung Velika Gorica unterwegs bin. Ich fahre zu einer Tifon-Tankstelle, halte neben der Station zum Messen von Ölstand und Reifendruck und melde mich.

Sie sagt: Da ist dein Papa. Das Wort erstaunt mich, ich bringe es nicht mit mir in Verbindung, seit mindestens dreißig Jahren, seit Beginn der Pubertät, habe ich es nicht mehr benutzt.

Seine Stimme ist kaum wiederzuerkennen. Wie aus

einem Ballon, den jemand mit aller Gewalt zum Platzen bringen will.

Mir kommt es so vor, als ob er wirres Zeug redet: Jetzt weiß ich, sagt er, was Hitlers Konzentrationslager bedeuteten, das hier ist eins.

Wie geht es dir?, frage ich, als wäre alles normal.

Ich bin schuld, sagt er, ich konnte dir nie meine Dankbarkeit zeigen.

Für was?

Für dein Schreiben. Für die Aufrichtigkeit.

Gib gut auf dich acht, du musst jetzt gesund werden, sage ich verlegen.

Dann schweigen wir, zwischen uns brummt das Weltall der Telekommunikation, leise dröhnt es aus dem Äther, schönen Gruß von König Peter, denke ich und sage: Also gut, Wiedersehn, pass gut auf dich auf, du musst gesund werden.

Dann meldet sie sich wieder: Ihr habt miteinander gesprochen, mit Ihnen war er ruhiger, sagt sie, gerade als würde er nicht direkt daneben liegen, als wäre er schon dorthin aufgebrochen, wohin die Alten – über die man statt eines irdischen Todesurteils Dekubitus spricht – gehen, wenn sie ausgelitten haben.

Am Sonntagmorgen hatte ich eine SMS auf dem Handy: Dobro ist heute Nacht gestorben. Herzliches Beileid.

II

Wir standen uns nicht nah, obwohl es immer hieß, ich sei ganz der Vater. Er war bei meiner Geburt achtunddreißig, ein angesehener Arzt in Sarajevo, den Ruhm und Rang früh altern ließen, aber bereits nach zwölf Monaten, sobald ich anfing zu laufen, hieß es, wir seien uns ähnlich: Kopf, Stirn, Augen, Gesichtsausdruck ... Dass ein Kleinkind einem Mann in mittleren Jahren angeblich so stark ähnelt, findet man wahrscheinlich nur bei uns, der Westen kennt diesen Kult des Vergleichens nicht, diese Art, sich fortlaufend genüsslich darüber zu wundern, dass ein Kind seinen Eltern oder wenigstens einem Elternteil nachschlägt.

Ich war ganz der Vater.

Zum Glück, denn wäre ich ganz die Mutter gewesen, hätte man gefragt, wer der Vater ist.

Von der Frage geht unsere lebenslange Suche nach Identitäten, Familien- und Sozialgeschichten aus, mehreren gemeinsamen und getrennten Nationalgeschichten, von Kriegen so durchsetzt wie sein alter Körper von Metastasen; aus der Frage nach dem Vater des Kindes, die niemals rhetorisch ist und auch dann gestellt wird, wenn an der Antwort keinerlei Zweifel besteht, entstanden in Kombination mit fünf Jahrhunderten Türkenherrschaft Volksbefreiungskriege, serbische Aufstände und kroatische Bauernerhebungen; gäbe es diese unsere erste Frage nicht, die gewöhnlich von der

Schwiegermutter – also von der Mutter des Möchtegernvaters oder des Vaters, dessen historische wie biologische Rolle zur Debatte steht – aufgeworfen und wie die Lungenpest über die Luft übertragen wird, bis am Ende innerhalb der Familie oder innerhalb der Nation, der bei uns wahrscheinlich bis in alle Ewigkeit primitivsten Form der Identitätskrise, mal mehr und mal weniger Blut fließt; ohne diese Frage wüssten wir tatsächlich nicht, wer oder was wir sind und dass man in unserer balkanisch-mitteleuropäischen Welt, in dieser tristen katholischen Provinz, im wilden orthodoxen und islamischen Westen Menschen einteilt in jene, die der Mutter, und jene, die dem Vater ähneln.

Wobei man dem Vater nie genug ähnelt. Die Ähnlichkeit muss ein Leben lang unter Beweis gestellt werden.

Die Blutgruppe A ist gegenüber der Blutgruppe Null dominant. Was bedeutet, dass ein Kind eher die Blutgruppe A von einem Elternteil erben wird, wenn das andere die Blutgruppe Null hat. Das ist der älteste und primitivste medizinische Vaterschaftstest. Gott bewahre, dass ein Kind Blutgruppe B hat, denn dann ist der Vater nicht der leibliche Vater.

Obwohl meine Mutter Blutgruppe A und der Vater Null hat, habe ich seine Null geerbt.

Ich habe sämtliche ungesunden Neigungen, Charakterschwächen und Manien sowie einige soziale Talente von ihm geerbt, das Einzige, wo ich zu kurz kam, während er es reichlich hatte, ist das Talent zur Mathematik. Hätte er mir das mit den Genen weitergegeben, würde ich nicht schreiben und mich auch nicht mit meinen Identitäten befassen.

Dann würde meine Identität von der Mathematik bestimmt, so wie einige seiner Identitäten von der Mathematik bestimmt wurden. Er war Internist, Hämatoonkologe, er beschäftigte sich mit Leukämie und malte mir als kleinem Jungen Schaubilder auf, an denen er die verschiedenen Arten der Leukämie erklärte, und diese Skizzen bestanden, so schien es mir, aus reiner Mathematik. Grippe behandelt man mit Vitamin C, Halsentzündungen mit Antibiotika, aber die Leukämie, die schlimmste aller Krankheiten, heilt man mit Mathematik. Irgendwie klang das tröstlich.

Er hatte sich lange davor in Warschau auch in Mikrobiologie spezialisiert und schlug mir am Ende der Schulzeit vor, Mikrobiologie zu studieren, Mikrobiologie habe Zukunft, obwohl er von meinen Sechsen in Mathematik und Physik trotz mehrjährigem Nachhilfeunterricht durch verschiedene Lehrer wusste. In allem war ich ganz der Vater, aber um das, was aus mir einen anderen Menschen gemacht hätte und womit ich heute vermutlich friedlich und unbekannt in Boston, Chicago oder Toronto leben würde, nichts von Serben und Kroaten wissen wollte und auf Englisch oder Französisch träumen würde statt in dieser verstümmelten Sprache, die auch Identitätsprobleme hat, darum hat mich mein Vater betrogen. Schuldlos, versteht sich.

An allem anderen gab ich ihm die Schuld. Und da ich ganz er war, gab ich sie damit indirekt mir selbst.

III

Vater und Mutter trennten sich kurz nach meiner Geburt.

Offiziell geschieden wurden sie Jahre später. Damals strich sie seinen Nachnamen, den sie in der Hoffnung auf ein neues Leben an den ihren gehängt hatte.

Er fand sich mit der Scheidung lange nicht ab. Bei einem seiner Besuche sah er auf dem Balkon einen Blumentopf mit Stiefmütterchen, die Großmutter gepflanzt hatte.

Das machen wir in unserer Wohnung auch, sagte er zu Mama, und sie wurde rot vor Zorn, sagte aber nichts.

Damals waren sie schon lange geschieden.

Zu der Zeit besuchte er uns jede Woche, meistens am Freitag. Einmal im Monat brachte er die Alimente. Unter dem Tisch zählte er die Scheine – was Großmutter mächtig aufregte, sie sagte stets, ein Herr zähle Geld niemals unter dem Tisch – und steckte sie in einen zerknitterten blauen Umschlag.

In der Innentasche seines Sakkos hatte er ein ganzes Bündel blauer Umschläge für die Alimente. Auch diese Neigung habe ich von ihm geerbt: Meine Taschen sind voller Krimskrams, meistens Dinge, die ich einmal brauchte und nie mehr herausgenommen habe.

Dann legte er das blaue Kuvert auf die Kredenz unter eine griechische Vase, ein billiges Souvenir, das uns irgendwer mitgebracht hatte.

Dieses Hinterlegen der Alimente wirkte konspirativ und bürokratisch zugleich.

So sah meine zweite wichtige Identität aus: Kind geschiedener Eltern.

Ich habe es nicht so sehr gespürt, wohl aber meine Mutter. Ihr war das wichtig. Sie war – dank meiner – alleinernährende Mutter. So hieß das politisch korrekt in unserem Sozialismus.

Nach traditioneller Sprachregelung war sie sitzen gelassen worden.

Unser gesellschaftliches Leben war in allen Bereichen von diesen beiden Schlüsseln bestimmt, bildlich gesprochen wurde es täglich mit deren Hilfe aufgeschlossen. Unser Sozialismus war, obwohl wir sein menschliches Antlitz priesen und sagten, er sei nach menschlichem Maß, obwohl wir ihn bis heute für liberaler als alle anderen osteuropäischen Sozialismen halten, eine wunderliche Mischung aus Kardeljs *Wege der Demokratie in der sozialistischen Gesellschaft* und den alten Volksepen vom Königssohn Marko und dessen Pech mit den Türken.

Ich erinnere mich gut, wie ich das Wort sitzen gelassen mit fünf, sechs Jahren wahrnahm. Eine Frau wird sitzen gelassen wie ein Kind, um das sich niemand kümmert, das niemand erzieht und das am Ende, wenn es jemandem mit der Schleuder ein Auge ausgeschossen oder einen Kiosk aufgebrochen hat, in eine Besserungsanstalt muss. Auch auf die Sitzengelassene wartete eine Besserungsanstalt, und wenn jemand meine Mutter als

Sitzengelassene bezeichnete, nannte er sie im Grunde ein ungezogenes Kind, das zugegeben noch niemandem ein Auge ausgeschossen hat.

So klang das epische Wort Sitzengelassene in der Zeit, als ich es zum ersten Mal hörte. (Ich erwähne das nicht, um Mitleid zu erregen oder zu schildern, wie schlimm sich das anfühlte, denn so war es nicht, mir ging es sehr gut, es war mir egal. Ich kehre zum kindlichen Wortverständnis zurück, weil es mir heute besser und richtiger vorkommt, und wenn mir irgendetwas leidtut, dann die für immer verlorene, verflogene Zeit, als ich Worte auf kindliche Weise verstand.)

Und natürlich hatte jeder, der meine Mutter in jener Zeit als Sitzengelassene bezeichnete, genau das im Sinn, was das Kinderohr so präzise heraushörte.

Unglücklich war sie deswegen nicht. Sie war ein arbeitender Mensch, und ein weiblicher arbeitender Mensch zu sein hieß Märtyrerin zu sein. Eine aus dem neuen Testament, die Jesus Gutes getan hatte, aber alle hielten sie für eine Hure.

Außerdem war sie alleinernährende Mutter, was in der sozialistischen Diktion mehr noch als in der gesellschaftlichen Stratifikation wahnsinnig wichtig und löblich klang. Es war eine jener informellen Rollen, die oft nützlicher waren als ein offizieller gesellschaftlicher Rang. Alleinernährende Mutter war beinahe die Frau der Zukunft, so dass es den nicht alleinernährenden Frauen schon ein wenig unangenehm sein konnte, waren sie doch gleichsam nicht Mutter genug oder nicht sozialistisch genug, genau wie Menschen oder Bürger, die weder im Bergbau noch in der Urproduktion arbeiteten, des Weges in den Kommunismus weniger würdig waren. Was in keiner Weise bedeutet, dass Alleinernährende im Sozialismus bevorzugt worden wären, weit gefehlt, schließlich hatte der Mann sie sitzen gelassen, sie waren also alttestamentarische Huren, sie genossen so wenig wie Bergleute und Arbeiter Privilegien. Ihre Rolle war mythisch und legendär wie die Rolle der Armen in der Bibel und in den gesellschaftlichen Entitäten, die sich auf dieses Buch bezogen wie wir auf Marx: Die Armen kommen ins Himmelreich, alleinernährende Mütter und Bergleute in den Kommunismus. Die anderen werden ihr irdisches Leben in Sünde verleben, glücklicher und zufriedener und vor allem im ideologisch korrekten Glauben, in der anderen Welt werde es Bergleuten und Sitzengelassenen besser gehen als ihnen.

In unserem Sozialismus existierte insgeheim ein Kult um Scheidungen. Sie waren Ausdruck der garantierten bürgerlichen Freiheit, durch die sich unsere Gesellschaft, die gerechteste von allen, von bürgerlichen Gesellschaften unterschied, die an der kirchlichen Vorschrift festhielten, derzufolge die einmal geschaffene Verbindung von Mann und Frau nur extremer Umstände halber (wie beispielsweise einer Erektionsstörung) wieder gelöst werden kann.

Indem sie sich scheiden ließen, taten Paare im Sozialismus etwas gesellschaftlich Nützliches, sie widersetzten sich der Tradition und konsumierten Freiheit. Dass der Freiheitsdrang aus kleineren oder größeren privaten Verwerfungen, Streit und Unglück erwuchs, ging das Gemeinwesen ja nichts an.

Mich als Kind geschiedener Eltern ging es auch nichts an.

In meinen Augen war ihre Scheidung kein Unglück. Wahrscheinlich weil es mir schon als ganz kleines Kind auf die Nerven ging, dass Mutter ständig mit diesem »alleinernährende Mutter« angab. Mit kindlicher, selbst von Pol Pot nicht übertroffener Grobheit befand ich, die Scheidung sei ihr nur wichtig, weil sie Vaters und meinen Nachnamen loswerden und alleinernährende Mutter sein wollte.

IV

Vater wurde 1928 in Sarajevo geboren.

Seine Mutter, Štefanija Jergović, hatte fünf Schwestern und einen Bruder, der zwei Jahre jünger als mein Vater war. Ihr Vater, Marko Jergović, Postbote von Beruf, aus Ličko Lešće nach Sarajevo gezogen, war spielsüchtig. Oft ging sein ganzer Wochenlohn für Würfeln, Kartenspiele und Lotterielose drauf, und dann wurde bis zum nächsten Zahltag gehungert. Sie waren bettelarm, und das in der Stadt, ohne Verwandte, die sie wenigstens mit durchgefüttert hätten.

Dann geschah ein Wunder: Marko Jergović gewann im Lotto.

Es war der bis dato größte Einzelgewinn in der Lotteriegeschichte Sarajevos, der größte auch in der damals noch zugegeben kurzen Geschichte des Königreichs der Serben, Kroaten und Slowenen. Alle Zeitungen berichteten darüber, Urgroßvater Markos Äußerungen wurden zitiert, bis Zagreb und Belgrad reichte sein Ruhm. Jahre nach dem Krieg und selbst noch während meiner Kindheit in den Siebzigern lebte in beiden Städten die Erinnerung an den Postboten Marko fort, der mit einem Lotterieschein ein Vermögen gewonnen hatte.

Für einen Teil des Geldes kaufte er zwei Häuser. Eins davon stand, soviel ich weiß, im unteren Teil von Bistrik.

Mehrere Monate lang, vielleicht ein ganzes Jahr, lebte man gut und vermögend im Hause Jergović.

Großmutter Štefanija wünschte sich als kleines Mädchen ein Klavier, und der Vater kaufte ihr eins, auch wenn das Kind nicht musikalisch war.

Marko Jergović verspielte das restliche Geld in Windeseile und verkaufte erst das eine, dann das andere Haus.

Sie waren wieder bettelarm, aber jetzt war es weit ärger, weil der Jammer über den Verlust und die Erinnerung an das Gefühl dazu kamen, etwas zu haben, reich, angesehen und geachtet zu sein.

Vielleicht ist es Einbildung, aber ich bin überzeugt,

dass dieses Wissen Großmutter Štefanija ihr Leben lang böse machte, die Spielsucht von Urgroßvater Marko hat zusammen mit diesem unseligen Lottogewinn das Leben meines Vater geprägt, sein und zum Teil auch mein Schicksal bestimmt.

Einige Jahre vor dem Krieg riss eine der Jergović-Schwestern von zu Hause aus und heiratete einen hohen Postbeamten, Budimir Dimitrijević, Veteran der Schlacht um Thessaloniki und Träger des Karađorđe-Sterns zweiter Klasse. Die Schwester hieß Melanija, als Kind nannte ich sie Tante Mila. Von der ganzen Sippschaft väterlicherseits mochte ich Tante Mila und Onkel Bude am liebsten.

Der Rest der Familie regte sich über Melanijas Flucht und mehr noch über die Hochzeit mit einem Serben auf. Lange Jahre und auch während des Zweiten Weltkriegs wollten sie nichts mit ihr und ihrem Mann zu tun haben.

Sie waren verbitterte Katholiken.

Einen Teil dieser Verbitterung der Jergovićs habe ich wohl geerbt, immer wieder versuche ich vergeblich, sie mir auszutreiben.

Verbitterung ist die menschliche Neigung, voll bleiernem Selbstmitleid sich alles und jedes, jedes frische Lüftchen und jeden hellen Moment mit der Überzeugung zu vergällen, dass dir einer Unrecht tut, dass deine Verdienste nicht gewürdigt werden und es alles in allem genommen in deinem Umfeld keinen Elenderen und Unglücklicheren gibt als dich; auf die Art bleibt man allein, denn mit Verbitterten lebt es sich schlecht. Das weiß ich aus eigener Erfahrung, auch das ist eine Identität.

Dabei (aber vielleicht bilde ich mir das auch nur ein) hat meine Verbitterung keine ideologischen Untertöne, während die ihre christlich oder katholisch gefärbt war, also unvermeidlich auch himmlische statt bloß irdische Dinge betraf und sich unverzüglich Trost und Verwirklichung im Chauvinismus suchte. Schließlich reden wir von den zwanziger und dreißiger Jahren im orientalischen Sarajevo, am äußersten Rand der römischen Christenheit, ein Ort mit springlebendigen, blutrünstigen Antagonismen und einem vitalen Volksglauben und Kirchendogma von der Kreuzigung Christi durch die Juden, während die Orthodoxen generell als Separatisten, Schismatiker und Gottlose galten.

Mein armer Urgroßvater, hart, wie man es den Menschen aus der Lika nachsagt, der das Glück seiner Familie am Würfeltisch verspielte, konnte nicht an sich selbst verbittern, ihn verbitterten Juden und Orthodoxe. Die Juden hatten den Sohn Gottes umgebracht, die Serben ihm die Tochter weggenommen, das ist doch sonnenklar, oder?

V

Großmutter Štefanija liebte einen Lehrer, den Mitinhaber einer Privatschule, in der nach dem Motto, dass die Alphabetisierung der Massen die Welt glücklich macht, unter anderem Buddhismus unterrichtet wurde. Er hieß Gjorgjo Vidović und war zusammen mit seinem Bruder eine der Zwischenkriegslegenden von Sarajevo, eine gute Partie für ein Mädchen aus bettelarmen Verhältnissen.

Aber Gjorgjo liebte Štefanija wohl nicht. Wie in einem gesellschaftlichen Lehrstück für das ungebildete Publikum nutzte er sie für kurze Zeit aus, machte ihr ein Kind und floh aus ihrem Leben.

Sarajevo ist eine kleine, enge Stadt, eingezwängt zwischen Bergen, von alters her kennt hier scheinbar jeder jeden, man läuft sich täglich über den Weg. Doch bis zum Ende seines Lebens, und er starb in sehr hohem Alter, schaffte es Großvater Gjorgjo, weder auf Štefanija noch auf seinen Sohn, Dobroslav, meinen Vater, zu stoßen.

Wenn ich daran denke, tut er mir leid.

Nicht mein Vater, der ohne Vater aufwuchs, sondern der Großvater, der aufpassen musste, in welchen Straßen er sich zu welcher Uhrzeit bewegte. Seine Qualen, weil Sarajevo so eine enge Stadt ist, verfolgen mich.

VI

Ins Elend gestürzt und betrogen, wartete Oma Štefanija ab Kriegsbeginn auf bessere, gerechtere Zeiten. Tiefgläubig und in der Gemeinde aktiv, dazu glühende Kroatin, die die Mehrzahl ihrer Erniedrigungen mit der Geschichte von Karađorđevićs Königreich walachischer Kuh- und Schweinehirten erklärte und sich damit tröstete, muss sie begeistert gewesen sein, als der zum katholischen Osterfest gegründete Nezavisna Država Hrvatska, der Unabhängige Staat Kroatien, in den letzten beiden Aprilwochen 1941 Sarajevo und das östliche Bosnien vereinnahmte.

Es war, vermute ich, der Höhepunkt ihres Lebens, ein Augenblick, wie er wenigen Menschen vergönnt ist, ein kurzer Augenblick, in dem wie im Film *Cinderella* aus Kürbissen Kutschen und aus Mäusen prächtige Schimmel werden.

Über die letzten beiden Aprilwochen 1941 denke ich seit meiner Zeit im Gymnasium nach, damals las ich alles, was ich in den Buchhandlungen über Ante Pavelić und seinen Staat finden konnte. Wie hat sich Oma Štefanija in dieser Zeit gefühlt, was hat sie gemacht, mit wem geredet, wo war sie unterwegs? Wie fand sie es, dass der Mob, überwiegend – grausame Ironie – Zigeuner aus Gorica, die Synagoge verwüstete und ausplünderte? Hat sie dabeigestanden und zugeschaut? Wo war sie, als in der Innenstadt die Schaufenster der serbischen Geschäfte eingeschlagen wurden? Hat sie einen Stein geworfen?

Die Verantwortung für den Holocaust ist Teil der gesellschaftlichen, also der kollektiven Verantwortung.

Die Verantwortung für den Völkermord an Serben, Juden und Roma im Unabhängigen Staat Kroatien ist ebenfalls Teil der gesellschaftlichen, also kollektiven Verantwortung. Für immer und ewig sind die, die damals Kroaten waren, ihre Kinder, Enkel und Urenkel verantwortlich, alle zusammen, ohne Rücksicht darauf, ob sie Faschisten oder Antifaschisten waren, sogar ohne Rücksicht darauf, ob sie selbst Angehörige verloren, die mit Serben, Juden oder Roma umgebracht wurden.

Der Gegenbegriff zur gesellschaftlichen und kollektiven Verantwortung ist nicht kollektive Unschuld. Der Gegenbegriff ist Unverantwortlichkeit.

Aber neben der kollektiven Verantwortung gibt es noch etwas anderes, etwas, das in Familiengeschichte und Gefühle, Hausmärchen und Legenden einging. Es gibt etwas, das die Hand geformt hat, die dieses schreibt, und den Kopf, der dieses denkt. Auch wenn das Böse oder die Neigung zum Bösen nicht mit den Genen weitergegeben wird (unabhängig von der Frage, ob ich die Verbitterung von Großmutter Štefanija habe oder nicht) – es gibt eine lebendige, blutige Verbindung zwischen uns beiden.

So wie ich eine Fehlstellung des Unterkiefers geerbt habe, die über Jahre in Sarajevo von Kieferorthopäden korrigiert wurde, so bekam ich zumindest mittelbar etwas mit, das als entfernte Intention, physiologische Störung oder mentale Einschränkung auf meine Oma Štefanija einwirkte und sie dazu brachte, sich über die Zerstörung der Synagoge zu freuen.

In diesem Sinn ist meine Verantwortung eine andere. Sie ist intimer.

Štefanija Jergović war in der Ustascha aktiv, gehörte der Frauen- und Jugendorganisation der Bewegung an. Sie handelte im Einklang mit den ideologischen und allen anderen Moden ihrer Zeit; als sich zum Beispiel unter den bessergestellten Damen Sarajevos die Sitte aus Zagreb verbreitete (die dort wiederum aus Deutschland, von den führenden Köpfen der Nazis, übernommen worden war), Kinder zu adoptieren, die ihre Eltern durch Massaker der Tschetniks, Partisanenüberfälle oder alliierte Bombenangriffe verloren hatten, adoptierte Štefanija, obwohl sie nach wie vor ziemlich arm war, ein Mädchen.

Sie tat es nicht, weil sie ein gutes Herz gehabt hätte, sondern weil sie sich verzweifelt bemühte, Teil der Gesellschaftsschicht und sozialen Klasse zu werden, zu der sie kurzfristig gehört hatte, als ihr Vater im Lotto gewonnen hatte, und vielleicht auch, als sie sich mit dem Lebemann Gjorgjo eingelassen hatte.

Wenn ich über sie nachdenke, denke ich immer auch über mich nach.

Sie hat mit negativen Vorzeichen Form und Art meines Gesellschafts- und Klassenbewusstseins geprägt, das Unbehagen, das mich in der besseren Gesellschaft befällt, etwa bei Vernissagen oder Premieren oder wenn ich mit einem Preis oder Ähnlichem geehrt werde, und umgekehrt die Heiterkeit und den inneren Frieden, die mich in Gesellschaft einfacher, sozial abgeschriebener Menschen erfassen.

Aber gleichzeitig habe ich so lange Jahre über sie nachgedacht, mich so sehr in ihre Rolle eingelebt, mit ihrem Herzen zu fühlen und ihrem Kopf zu denken versucht, dass ich heute vor dem leeren Computerbildschirm in die Rolle eines Ustascha, eines unglücklichen kroatischen Kleinbürgers, der eine Szene später Ja zum Morden in seinem Namen sagt, oder sogar in die Rolle des Schirmherrn aller Verbrechen, Maks Luburić, schlüpfen, schreibend und erzählend lange in diesen Rollen leben, sie dramaturgisch rechtfertigen, psychologisch und emotional erklären kann, während es für mich viel schwieriger und das Ergebnis ungewisser und unsicherer ist, wenn ich mich in die Lage eines Ustascha-Opfers oder eines gewöhnlichen, verzweifelten Antifaschisten im Sarajevo des Jahres 1941 hineinversetzen will, obwohl es sich um ein und dieselbe Tätigkeit handelt: eine literarische Figur schaffen und mit Leben füllen.

Diese Tatsache und mein frühes Interesse an allem, was im Zusammenhang mit dem Unabhängigen Staat Kroatien geschrieben wurde, sind das Verdienst meiner Großmutter Štefanija.

VII

Eine Partisaneneinheit griff meinen Vater, damals ein siebzehnjähriger Gymnasiast, Anfang April 1945 auf dem Heimweg von der Schule auf. Er wurde von der Straße weg mobilisiert, in einen Viehwaggon gesteckt und dann im Lastwagen nach Karlovac an die Front geschickt, wo ähnlich blutig und hirnrissig wie in der bekannteren Schlacht bei Srem einige Monate zuvor um die letzten Stellungen des Unabhängigen Staates Kroatien, von der Ustascha-Propaganda als Zvonimir-Linie bezeichnet, gekämpft wurde.

Vater hat mir nie davon erzählt.

Genau genommen hat mir Vater nie von seinem Leben erzählt.

Alles, was ich weiß, weiß ich von anderen. Er grinste auf jede meiner Fragen, drückte mich an sich, bis meine Rippen knackten, kniff mich am Ellbogen, bis ich blaue Flecke hatte und Mutter und Nona dachten, ich hätte mich in der Schule geprügelt. Physisch war er bis zum Schluss viel stärker als ich. Einmal, auf der Kirmes, drosch er, um sich vor Mutter wichtig zu machen, mit dem Hammer auf so ein Gerät zum Kräftemessen – Hau den Lukas –, es klingelte, bunte Lämpchen blinkten, ein Tusch erklang, es regnete Menthol-Bonbons in meine Arme, dem stärksten Mann der Welt zum Lohn, es waren vier, fünf Kilo, ich wollte sie mit niemandem teilen, es waren Bonbons von meinem Vater, sie hielten lange, verklebten aber nach ein, zwei Jahren und mussten zu meinem Entsetzen und trotz schlimmer Tränen in den Müll geworfen werden. Eins klebte aber noch am Boden der Schublade. Das habe ich bis zum Krieg aufbewahrt, was dann damit passierte, weiß ich nicht.

Diese liebenswürdige Kraft setzte Vater gegen alle meine Fragen nach seinem Leben ein.

Gern antwortete er hingegen auf alle anderen Fragen: Wie man Kinder macht, wie man Krebs kriegt, was ein Abortus ist, was Schwule sind, »Männer, die statt einer Frau andere Männer lieben«, antwortete er, »kann ich auch schwul sein?«, fragte ich weiter.

Als ich solche Fragen stellte, mochte ich fünf, sechs Jahre alt gewesen sein. Er war froh, dass ich nicht nach dem anderen fragte, und erzählte mit Begeisterung ohne Rücksicht auf mein Alter von Dingen, über die Eltern in unserer Kultur mit Vorschulkindern nicht reden.

Wie es ihm nach dem Fall der Zvonimir-Linie erging, weiß ich nicht; ob er wohl in einer der Einheiten war, die die Bande quer durch Slowenien bis Österreich jagte? Möglich ist es; wann immer ich auf Verdacht in Bibliotheken und Partisanengedenkstätten nach Spuren von Vaters Weg im Krieg suchte, immer in der Hoffnung, irgendwann irgendwo auf seinen Namen oder ein Foto zu stoßen, wies alles in Richtung Slowenien und Österreich, dorthin, wo sie die Besiegten gefangen genommen und in den umliegenden Wäldern und Schluchten erschossen haben, das Massaker von Katyn unserer Partisanen, das in der jüngeren Geschichte

Kroatiens mythische Ausmaße annehmen sollte – als hätten die Partisanen damals ein ganzes Volk abgeschlachtet, fast so viele Kroaten getötet wie am Ende überlebten.

Auf die Geschichte von Bleiburg und dem Kreuzweg, auf dem die Partisanen massenhaft Staatsfeinde, Ustaschas, Heimatschutzleute, Weißgardisten, Tschetniks usw. exekutierten, stieß ich im Sommer 1983 durch puren Zufall, weil ich im internen Buch- und Zeitschriftenbestand im Rathaus von Sarajevo, der National- und Universitätsbibliothek, Person und Werk von Ante Pavelić studieren durfte. Ich war siebzehn Jahre alt, meine engere Umgebung war im Großen und Ganzen zufrieden mit dem frühen wissenschaftlichen und literarischen Interesse ihres Zöglings und verschaffte mir über Beziehungen Zutritt zu Bibliotheken in der sehr irrigen Überzeugung, daraus könne kein Übel erwachsen, Lesen sei besser als Besäufnisse oder Drogenkonsum.

Es lässt sich nicht leicht beschreiben, wie sich in diesen ersten relativ liberalen, aber noch sozialistischen Jahren nach Tito ein ideologisch unbeleckter, unbescholtener Jugendlicher fühlte, der auf die Geschichte stößt, Partisanen hätten entwaffnete Kriegsgefangene umgebracht.

Eine Lüge des Feindes, klar, aber die liegt dir wie ein Stein im Magen, Tage und Monate schleppst du den mit dir herum und darfst mit keinem drüber reden, weil du vielleicht völlig zu Recht davon überzeugt bist, dass du im Gefängnis landest, sollte herauskommen, dass du in der Bibliothek Lügen des Feindes gelesen hast.

War Vater dabei? War er 1945 in Slowenien und Österreich?

Das war mein erster Gedanke. Von Karlovac bis zur Grenze ist es nicht weit. Bei der Befreiung des Landes bewegte sich die Mehrheit der Einheiten in diese Richtung. Allgemeiner gefragt, hat mein Vater jemanden umgebracht? Wahrscheinlich schon, es war Krieg.

Er war siebzehn Jahre alt, lauter Einsen in der Schule, in demselben Ersten Gymnasium, das ich, wenn auch mit deutlich weniger Erfolg, besucht habe. Wahrscheinlich haben sie ihn irgendwo in Karlovac untergebracht, ihn und seine Altersgenossen, vielleicht in einer verlassenen Kaserne.

Ich weiß nur, dass er Ende des Sommers entlassen wurde.

Er kam halbtot in Sarajevo an, hatte sich mit Typhus angesteckt.

Oma Štefanija nahm ihn nur widerwillig auf, weil er zu den Partisanen gegangen war und Kroaten getötet hatte. Er lag im Bett und delirierte, und sie sagte, er solle ruhig verrecken. Wie im Volkslied – ein Detail, das in der Literatur und wahrscheinlich auch im Leben unbrauchbar ist – brachte sie ihm nicht einmal ein Glas Wasser, obwohl er wahnsinnigen Durst hatte.

Zu diesem Zeitpunkt waren zwei von Štefanijas Schwestern bereits in einem italienischen Flüchtlingslager, von wo aus sie, natürlich mit Hilfe eines Geistlichen, nach Argentinien emigrierten. Die dritte Schwester, Paulina Slavka, lebte als Nonne in einem Kloster in Sarajevo. Die vierte war Hausfrau, und für die fünfte, Tante Mila, war es die Erlösung, weil sie nicht mehr Angst haben musste, dass die Ustascha Onkel Bude in eins ihrer Jasenovacs verschleppte.

Štefanija und drei ihrer Schwestern verwanden das Ende des Unabhängigen Staates Kroatien nie. Die fünfte, Paulina Slavka, glaubte an Gott und versuchte die vier vor ihrem Charakter zu schützen, und die sechste, Mila, behielt den Unabhängigen Staat Kroatien als Inbegriff des gesellschaftlichen und persönlichen Bösen in Erinnerung.

Wie bei vielen aus ihrer Generation war der Unabhängige Staat Kroatien eine innerfamiliäre Angelegenheit, nicht nur ein Staat. Die Art, wie sich diese Frauen mit Pavelić und seinem Werk identifizierten, unterschied sich von dem Gesellschafts- und Familienmodell im nationalsozialistischen Deutschland. Sie ist von unserer ruhmsüchtigen Balkanmentalität geprägt: Während die Deutschen emotional distanzierte Menschen sind, sind wir in unseren Identifikationen und Intimitäten heißer und aggressiver. Im Unterschied zu Deutschland, in dem das Verbrechen nach einem durchorganisierten und bürokratisierten industriellen Prinzip betrieben wurde, hatte das Verbrechen im Unabhängigen Staat Kroatien handwerklichen Charakter. Deswegen gab es nicht noch mehr Opfer, überspitzt gesagt: Deswegen gab es nach den Maximalkriterien der jugoslawischen Nachkriegspropaganda nicht genug Opfer, und in Jasenovac wurden nicht siebenhunderttausend Menschen ermordet, wie wir in den siebziger Jahren in Sarajevo aus den Geschichtsbüchern für die achte Klasse lernten, sondern ungefähr hunderttausend, also teuflisch-mathematisch gesprochen »nur« ein Siebtel.

Der handwerkliche Charakter der Mordstätten der Ustascha wirkt einerseits weniger monströs als die Maschinerie der Nazis, einfach weil im Verhältnis weniger Menschen liquidiert wurden, aber andererseits ist die Arbeit in Manufakturen persönlicher und intimer als in industriellen Fabriken, Manufakturarbeit ist Handarbeit, in die der Einzelne seine Gefühle, sein Wissen und Wollen steckt, und die eine Eigeninitiative verlangt, die weit über das hinausgeht, was die industrielle Produktionsweise von ihm erwartet.

Allein dadurch ist ein Ustascha-Verbrechen dem Ausübenden näher und im Ausüben persönlicher als ein Nazi-Verbrechen.

Außerdem waren jene, die die Verbrechen als gute, ehrbare Durchschnittsbürger nur beobachteten, im Unabhängigen Staat Kroatien näher dran als im nationalsozialistischen Deutschland. Auschwitz war ein geheimer Ort, von dem die Menschen in Berlin oder München wirklich nichts wussten (die Deutschen wussten, dass ihre Nachbarn spurlos verschwanden, ihnen musste klar sein, dass dieses Verschwinden nur den Tod bedeuten konnte, aber im Unterschied zu den Kroaten wussten sie von den Orten, an denen ihre Nachbarn starben, meistenteils nichts), während Jasenovac öffentlich war, alle wussten Bescheid.

Vielleicht liegt in der handwerklichen, intimen Natur der Ustascha-Verbrechen auch der Grund, warum sich die Kroaten fünfundsechzig Jahre später mit der Auseinandersetzung über ihren eigenen, originalen und lokalen Holocaust und Genozid so schwertun und ihn nur sehr widerwillig, voller Einwände und Gegenanschuldigungen akzeptieren.

Ständig schieben sie die Schuld auf andere: Angeblich haben die Deutschen den Nationalsozialismus nach Kroatien gebracht wie die Amerikaner Coca-Cola, und den armen Kroaten blieb nichts anderes übrig, als Cola zu trinken und den Nationalsozialismus zu übernehmen; aber vielleicht lag es auch eher an den Engländern, die die Kroaten 1945 in Österreich bei Bleiburg verrieten und hintergingen und anschließend des Nazismus bezichtigten und über ihre Geheimdienste jahrzehntelang, bis zum heutigen Tage, die Lüge von den Verbrechen des Ustascha-Staates und vom kroatischen Nazismus verbreiten, wobei es, wie wir wissen, einen solchen verbrecherischen Staat niemals gab, die Kroaten beteten vielmehr während des gesamten Zweiten Weltkriegs zu Gott und retteten unter Führung des seligen Aloisius Viktor Stepinac Juden, wobei unklar bleibt, wovor beziehungsweise vor welchen unbekannten Henkern die gerettet werden mussten; oder die Kommunisten, Serben, Jugoslawen und diverse Serbophile waren und sind schuld, indem sie die Sache unzulässig aufbauschen oder außerhalb des historischen Kontexts betrachten und Dinge, die sich vor fast siebzig Jahren zutrugen, darstellen und vorstellen, als seien sie gestern geschehen, gerade als wäre die gegenwärtige Generation der Kroaten für das verantwortlich, was ihre Großväter und Urgroßväter getan oder vielleicht auch nicht getan haben.

Auf jeden Fall findet man derzeit kaum einen erwachsenen, psychisch normal entwickelten und geistig präsenten Kroaten, der im Winter 2010, in der Woche, in der mein Vater starb, und kurz danach, als sein Grab zum ersten Mal vom Schnee bedeckt wurde, dem wahrscheinlich letzten vor Ankunft des Frühlings, bereit wäre, bis zur letzten Konsequenz über den spezifisch kroatischen, handwerklichen Nazifaschismus zu sprechen, ohne die Diskussion mit Einwänden abzuschneiden, andere kleine Völker und deren Faschismen anzuführen und gegen unsere Nachbarn, vor allem gegen die Serben, zu wettern, die wie wir elend, unglücklich und primitiv und deswegen anfällig für Moden aus Deutschland sind.

VIII

Vater starb nicht am Fleckfieber.

Er blieb am Leben und verzieh seiner Mutter. Eigentlich verzieh er ihr nicht, sondern gestattete sich weder damals noch später den emotionalen Zustand, in dem er ihr etwas zu verzeihen gehabt hätte: Sie hatte eben wie immer recht. Ich weiß nicht, wie das sein kann, was er fühlte, wovor er Angst hatte, mit ihm konnte ich nicht darüber reden, und alle, die ich sonst darauf ansprach, sei es Menschen, die ihn gekannt haben, sei es Menschen, die sich ganz allgemein mit bedingungsloser Liebe oder emotionaler Abhängigkeit auskannten, kamen mir nach spätestens zwei, drei Sätzen mit einer pädagogischen Weisheit, einem psychiatrischen Spruch oder einer beliebigen Sentenz von Paulo Coelho, woraus ich schloss, dass es keine Antwort gibt und auch nicht geben kann.

Wäre er nicht so viel stärker gewesen als ich, hätte er mich nicht in den Schwitzkasten genommen, sobald ich ihn etwas fragte, hätte ich wahrscheinlich wenigstens erfahren, was der Typhuskranke empfand, den die eigene Mutter der ideologischen Abweichung bezichtigt, ohne dass er ihr deswegen böse war.

Die Episode geht mir nicht nahe.

Ich erzähle sie, als wäre sie nicht meinem Vater passiert. Sie ist ein literarisches und dramaturgisches Rätsel, ein Schriftstellersudoku, mehr nicht. Wann immer ich sie in einen fiktionalen Text einbauen will, stehe ich vor unlösbaren Problemen.

Wie soll man darüber schreiben, ohne dass es in der Art der frühen sozrealistischen Nachkriegsprosa pathetisch wirkt?

Wie soll man so etwas aufschreiben, ohne dass es verlogen klingt?

In unserer literarischen Erfahrung – und innerhalb einer Kultur und einer Sprache existiert keine andere Erfahrung – gibt es kein Vorbild, kein Zehnsilbenepos, das die Figur mütterlicher Missachtung und innerfamiliärer ideologischer Verblendung tragen könnte.

Den Brudermord, den gibt es, mehr noch, auf ihm beruht weitgehend unser Begriff von Brüderlichkeit: Hätte Kain nicht Abel erschlagen, man wüsste gar nicht, wozu ein Bruder gut sein soll.

Jeder unserer Kriege in den letzten fünfhundert Jahren war ein Bruderkrieg. Der Brudermord ist ganz allgemein der tragische Aspekt der Kriegsführung. Ohne ihn hätten unsere Kriege – in der Sprache der Astrologen ausgedrückt – ausschließlich günstige Aspekte. Aus ihnen ginge man nur als Opfer und Leidtragender hervor, nicht als Brudermörder.

Auf dem Brudermord gründet, historisch wie literarisch, unsere Erfahrung. Die Szene, in der eine Mutter den halbtoten Sohn bezichtigt, Gott und Vaterland verraten zu haben, ist unmöglich. Und unfassbar. Mein Vater konnte seiner Mutter nicht etwas vorwerfen, was innerhalb der Gesellschaft und Kultur, der er angehörte, undenkbar war. Was man sich nicht vorstellen kann, das kann nicht sein.

Wenn ich mir überlange Filme wie *Persona* oder *Das Schweigen* anschaue, bedauere ich oft, nicht Bergmans Art von Talent zu haben, kein so genialer metaphysischer Mystifikator zu sein, sonst hätte ich die Geschichte vom Fleckfieber in einem anstrengenden, erschütternden Theaterstück verarbeiten können, einem Zwei-Personen-Stück, das erst dann aufhören und die Zuschauer aus dem Saal entlassen dürfte, wenn die Motive beider Figuren wie bei einem Wendehemd aufgedeckt sind: die der Mutter, die dem halbtoten, fiebernden Jüngling Verrat am Vaterland vorwirft und ihn als Kommunist beschimpft, und die des Sohnes, der ihr das nicht einmal verargen kann.

Schade, dass ich nicht Bergman bin. In Stockholm sah ich in einem Winter Enten zwischen Bürogebäuden schwimmen.

Wie gesagt, diese Episode ist mir niemals nahegegangen, sie betrifft mich nicht persönlich, ich habe mich weder dafür geschämt, noch wäre ich deswegen rot geworden oder hätte überlegt, ob ich sie und wenn ja in welcher Gesellschaft erzählen darf.

Ich habe sie natürlich nicht erzählt, es hätte ihn verletzen können. Aber ich hätte sie gern literarisch verwendet, obwohl mir klar war, dass er sein Leben im literarischen Kontext wiedererkannt hätte. Er und alle anderen, die die Geschichte mit dem Typhus kannten.

Das nahm ich mir gegenüber Vater als schriftstellerische Freiheit und persönliche Rücksichtslosigkeit heraus: Ich beschrieb Dinge aus seinem Leben, Dinge, die ihn betrafen, erkennbar Teil seiner Lebenserfahrung und Persönlichkeit waren, baute sie in andere, erfundene oder fremde Geschichten ein, in ein Leben, das nicht seins war, und kommunizierte so mit ihm, redete mit ihm, stellte ihm Fragen, häufiger noch rechnete ich mit ihm ab, beschimpfte ihn mit diesen halb erfundenen Geschichten als Schwächling und Niete, warf ihm vor, dass er mir verwehrte, jemands Sohn zu sein.

Vater las das Buch, rief mich an und war voll des Lobes.

Er wiederholte all das, was alle anderen über mein neues Buch sagten, was er darüber in den Zeitungen gelesen oder im Fernsehen gehört hatte, kein einziges Mal hatte er echte Einwände. Wenn er überhaupt etwas kritisierte, dann stilistische Dinge. Ein Abschnitt erschien ihm zu lang. Oder eine Figur war überflüssig.

Unlängst, fällt mir dabei ein, meinte er, ich müsse mich mit Srebrenica befassen. Das ist ein großes Thema, sagte er, keiner von denen kann darüber schreiben. Schreib über Srebrenica, solange du noch die Kraft dazu hast, für das andere kannst du dir Zeit lassen.

Sein Typhus lässt mich kalt, aber er hat mich geprägt. Ihn nicht, er blieb derselbe.

Die Geschichte erfuhr ich einige Jahre vor dem Krieg. Sie war für mich eine wichtige familiäre Ustascha-Memorabilie. Einer der Anlässe für Verantwortung. Die Ustascha stand in meinem Leben immer diesseits der Türschwelle. Ich konnte sie nicht hinausjagen, konnte nicht sagen, dass es mich nicht interessiert, und die Tür wie hinter einem Vertreter für alles zerkleinernde Zauberstäbe oder Anti-Aging-Pillen zuschlagen.

IX

Am 28. Dezember 1945 endete vor dem Militärgericht der Sechsten Armee in Sarajevo der Prozess gegen Hochwürden Ivan Čondrić, Bruder Franj Šlafhauzer und weitere zwanzig Bürger, Geistliche, Nonnen und Laien, allesamt Katholiken, angeklagt des versuchten Umsturzes und der Unterstützung einer illegalen Gruppierung, der Ustascha – nach dem Krieg vom Volksmund in Kreuzritter umbenannt –, die sich noch in den bosnischen Wäldern versteckte.

Die Urteilsverkündung war absichtlich auf den weihnachtsnahen Termin gesetzt worden, und Verwandte und Bekannte streuten in der Stadt das Gerücht, den Angeklagten würde der Prozess gemacht, weil sie »Rajska Djevo, kraljice Hrvata« (»Paradiesjungfer, Königin der Kroaten«) oder »Do nebesa nek se ori« (»Bis zum Himmel soll es schallen«) gesungen hätten.

Sie waren schwer beleidigt.

Und hatten wahnsinnige Angst.

Die Urteilsverkündung war öffentlich, aber es wurde natürlich genau registriert, wer den Gerichtssaal betrat und wer ihn verließ.

Die bloße Anwesenheit galt in jener Zeit, selbst wenn der Prozess Verwandte betraf, als konterrevolutionäres Bekenntnis und Feindunterstützung.

Diese Form der revolutionären Repression hat Meša Selimović, wenn auch mit einer Allegorie, in seinem

Roman *Der Derwisch und der Tod* am besten beschrieben. Indem er sich nach dem Schicksal seines eingekerkerten Bruders Harun erkundigt, begeht Ahmed Nurudin die schwerwiegendste Übertretung gegenüber dem Staat und der gesellschaftlichen Ordnung.

Im Lauf der Verhandlung fragte der Vertreter der Anklage Bruder Šlafhauzer nach seiner Meinung zum Poglavnik.

Bruder Šlafhauzer war sechsundzwanzig Jahre alt, geboren in Donji Čevljanovići, Spross einer zugezogenen Eisenbahnerfamilie, und Kaplan in Zenica. Er hatte das berühmte Franziskanergymnasium in Visoko abgeschlossen und am Franziskanerseminar in Sarajevo Theologie studiert. Bei seiner Verhaftung stand er noch nicht ganz zwei Jahre in kirchlichen Diensten.

Auf die Frage des Staatsanwaltes antwortete er ruhig und gelassen: »Ante Pavelić war ein guter Mensch. Solange Bosnien nicht bis zur Drina wieder unter kroatischer Herrschaft steht, wird es in dem Gebiet keinen Frieden geben.«

Bruder Franjo Šlafhauzer und Hochwürden Ivan Čondrić wurden zum Tod durch Erschießen verurteilt.

In den Kirchen von Sarajevo und Zenica ging das Gerücht, man hätte ihnen die Begnadigung unter der Bedingung angeboten, dass sie den geistlichen Stand aufgeben und sich verheiraten würden. Aber das hätten beide abgelehnt.

Die Menschen glaubten solche Geschichten. Er ist schon unbeschreiblich seltsam, dieser geschlagene katholische Underground. Mit ihm verbindet uns aber die epische Sehnsucht nach heldenhafter Selbstaufopferung, der das Prinzip wichtiger ist als das eigene Leben.

Unter den Verurteilten, ganz am Ende der Liste, fanden sich auch Marija Jergović, die fünfzehn Monate Freiheitsentzug mit Zwangsarbeit bekam, und Štefanija Jergović, sechs Monate mit Zwangsarbeit.

X

Vater bekam einen Studienplatz in Agronomie zugeteilt und war verzweifelt.

Er schrieb Bittgesuche, verwies auf seine hervorragenden Noten und die tadellose Beurteilung als Soldat, und am Ende durfte er Medizin studieren.

Während der paar Monate, die sein Kampf um seine Berufung währte, widersetzte sich Vater zum ersten Mal den Lebensumständen und unternahm etwas, was sich nicht jeder getraut hätte.

Er wollte Medizin studieren, sonst nichts, eher hätte er sich eine Stelle als Arbeiter gesucht.

Obwohl seine Mutter damals in Zenica im Gefängnis saß, was natürlich in seine Beurteilung einfloss und ihn gesellschaftlich degradierte, stellte er sich gegen das System.

Das hat er nie wieder getan.

Er war Opportunist, hat aber niemand aus Opportunitätsgründen geschadet. Außer denen, die ihm am nächsten standen.

In dem einzigen Aufbegehren seines Lebens ähnelte er Ahmed Nurudin. Mit dem Unterschied, dass sein Aufbegehren wundersamerweise Erfolg hatte.

Er trat in die Partei ein und blieb bis zum Ende passives Mitglied. Er wurde nie in Ämter gewählt und zeigte auch keinerlei Interesse daran.

Er wollte Arzt sein.

Als seine Mutter aus dem Gefängnis entlassen wurde, lebte er mit ihr und dem adoptierten Mädchen, das er, wenn auch nicht in letzter Konsequenz, als Schwester betrachtete, in einem alten, heruntergekommenen österreichisch-ungarischen Wohnhaus am Ende der Nemanje-Sackgasse unterm Dach.

Das Zimmer, eher eine Kammer, war mittelgroß und von einem Vorhang unterteilt, hinter dem sich eine provisorische Küche befand. Toilette und Bad am Ende des Flurs wurden vom ganzen Stockwerk genutzt.

Das Klavier, jenes Klavier, das der Postbote Marko Jergović nach dem Lottogewinn seiner unmusikalischen Tochter gekauft hatte, nahm das halbe Zimmer ein.

Unter dem Klavier mit seinem schwarz-glänzenden Furnier stapelte Oma Štefanija Anfang der Siebziger Gläser mit für den Winter eingemachtem Gemüse.

Gezuckerte Rosenblätter standen am Fenster in der Sonne, mit Cellophan und Gummiring verschlossen, bis sie fertig kandiert waren.

Ich erinnere mich lebhaft an den Ort.

Vier Jahre war ich alt, als ich zum ersten und letzten Mal mit Vater, Mutter und Nona dort war.

Oma Štefanija sagte: »Komm zum Tantchen!«

Und ich bin zu ihr hin.

Obwohl ich ganz der Vater war, ganz ihr Dobro, war sie sicher und erzählte es überall herum, ich sei nicht sein Sohn. Das sollten auch Mama und Nona hören, deswegen sagte sie, komm zum Tantchen.

Sie wollte ihn mit niemandem teilen.

Ihre Zeit war in den letzten Tagen des Unabhängigen Staates Kroatien stehen geblieben, als sie jede Hoffnung auf Gerechtigkeit in dieser Welt verlor und nur noch auf die himmlische, auf Gottes katholische Gerechtigkeit setzte. Ihr blieb nichts anderes übrig, als, soweit es in ihrer begrenzten menschlichen Macht stand, jene zu bestrafen, die an all dem schuld waren, weil sie weiterleben wollten. Aus der Sicht meiner Großmutter Štefanija war ich eine Sünde des Kommunismus gegenüber ihr persönlich und gegen unseren Herrn Jesus Christus.

XI

Großmutter Štefanija wollte den Sohn nicht teilen. Schon gar nicht mit meiner Mutter, die bereits durch ihre bloße Erscheinung an eine alttestamentarische Hure erinnern konnte. Sie war schön.

Sie war blond.

In der Zeit, als all das geschah, als die biochemischen Prozesse abliefen, die zu meiner Geburt führen sollten, war sie erst dreiundzwanzig Jahre alt.

Anekdoten von Schwiegermüttern und Schwiegertöchtern sind wichtiger Bestandteil unserer Mythologie.

Bis zum letzten Krieg erfand man über diese Konstellation immer neue Witze, danach nicht mehr, aber das ist eine andere Geschichte.

Die Schwiegermutter war als Witzfigur stets böse und dumm und voller Hass auf die Schwiegertochter.

Sie beschimpfte sie als schlechte Köchin, unordentliche Hausfrau und Verschwenderin und war doch nur eifersüchtig, wollte ihr nicht den Sohn überlassen.

Witze sollen zum Lachen sein, und diese Witze waren sehr oft zum Lachen, wichtiger als das Lachen war aber, was in ihnen transportiert wurde: Die bestehende gesellschaftliche und familiäre Rollenverteilung bestimmte Sinn und Bedeutung der einzelnen Worte.

Etwa des Wortes svekrva (Schwiegermutter): sve kriva (an allem schuld).

Einerseits war in diesen Witzen die alte Frau an allem schuld, andererseits hatte sie immer recht, auf ihr Wort wurde gehört, während die Schwiegertochter zu schweigen, zu schuften und zu dulden hatte und die Mutter ihres Mannes nur in besonders subversiven Witzen hinters Licht führen konnte.

In der schlichten, epischen und comic-artigen Welt

bosnischer und jugoslawischer Sketche vereinigte die Figur der Schwiegermutter in sich die höchste Autorität der Familie. Dass sie dumm und böse war, war unerheblich. Man musste sie achten, weil diese Achtung den Fortbestand der Familie sicherte, der, wie wir im Schulfach Marxismus lernten, grundlegenden Zelle der Gesellschaft. Unsere patriarchalische Gesellschaft verstand es auch im Sozialismus, sich mit dem Seufzer der Königinmutter zu entspannen, in der Figur der Schwiegermutter, der sie einen Ehrenplatz einräumte.

Niemand, kein einziger Mann, ob jung oder alt, kein einziger Politiker, nicht einmal Tito, war so unangreifbar wie sie.

Natürlich war die soziale Rangordnung in Suljas und Mujos Welt keine exakte Kopie der Gesellschaft, in der wir tatsächlich lebten. Witze verzerren, liefern eine Karikatur, in der nur das Lächerliche Platz hat, und die Weltanschauung hinter Witzen ist extrem stilisiert und idealisiert.

Deswegen waren Witze unter anderem antipatriarchalisch (Fata ist immer stärker und klüger als Mujo), systemkritisch (fast jeder Witz konnte einen hinter Gitter bringen) und überaus grob, fast chauvinistisch gegenüber allem und jedem, das oder der die bestehende Gesellschaftsordnung stützte und verteidigte (etwa die Figur des Polizisten ...)

In der derart verzerrten Welt stand niemand über der Schwiegermutter.

Sie hatte in lehrhaften Erzählungen jeder Art, TV-Serien und Filmkomödien eine privilegierte, wenn auch nicht immer moralisch vorbildliche Stellung. Mächtiger als ihre Männer entschied sie über Gut und Böse und war dabei in aller Regel nicht gerecht, sie hütete den häuslichen Herd, auf dass er nicht erkalte, aber in Zeiten des Kriegs, wenn das Blut der Söhne vergossen wird, ändert die Schwiegermutter plötzlich Namen und Rolle, wird als Mutter gefallener Helden von der Schwiegertochter und anderen schwächeren Geschöpfen umsorgt, ist aber nicht länger Schwiegermutter, denn dieser Begriff, diese Bezeichnung hat kein Recht auf Trauer und Tragik.

Štefanija war eine Schwiegermutter aus Eis.

Nichts konnte sie erweichen. Umsonst redete der Sohn auf sie ein, dass seine Auserwählte, nur weil sie blonde Haare hatte, noch lange kein Flittchen war.

Umsonst erniedrigte sich die Schwiegertochter und versuchte es noch einmal.

Štefanija versprach dem Sohn, sich zu ändern, aber sie konnte ihr Versprechen nicht halten.

XII

Ihre Himmel waren mit himmlischen Seraphim geschmückt, die um den Thron des Herrn flatterten und seine Aufträge ausführten.

Sie stand mit ihnen in ständigem, lebhaftem Austausch, und nichts, was sie tat, war ihrer tiefen Überzeugung nach einer Laune oder dem unsicheren, blinden menschlichen Wollen geschuldet, sondern folgte aus Kontemplation und Gebet, aus dem unaufhörlichen Summen des Himmels, in dem alle getauften Seelen zusammenwirkten, alle jemals geborenen Menschen.

Sie lebte in der Welt der Heiligen, in der Regel geprüfte und geköpfte Märtyrer, gekocht im brodelnden Wasser, gesotten im siedenden Öl; in jedem Winkel stand eine Muttergottes, die alle Tage den einzigen Sohn gebiert, der alle Tage gefoltert und ans Kreuz geschlagen wird.

Ein Leben in der selbstmitleidigen, hysterischen Erwartung der Wiederauferstehung.

Wenn ich im Kroatischen Fernsehen höre, die Kroaten seien ein marianisches Volk, denke ich an Štefanija.

Ich bekomme eine Gänsehaut beim Anblick der kitschigen Marienstatuen in den katholischen Kirchen des Landes, in dem ich lebe. Dieser bußfertige Blick zwischen Betrachter und dem Kind auf dem Schoß hindurch, der am linken Hosenbein des Betrachters hinabzugleiten scheint, erinnert mich stark an die Frau, die einst zärtlich zu mir sagte: Komm zum Tantchen!

Vater konnte sich von ihr nicht losreißen.

Er war schwach, so schwach, dass ich ihn nie als Vater erlebt habe, meiner Vorstellung nach war ein Vater etwas anderes und mein Vater nicht vergleichbar mit den Vätern, die ich in meinem Umfeld sah oder aus Filmen und Literatur kannte.

Er konnte sich auch deshalb nicht losreißen, weil hinter Großmutter Štefanija eine höhere Idee stand.

Da stand eine metaphysische Autorität, ein komplettes himmlisches Zentralkomitee, dem er nichts entgegenzusetzen hatte: Der liebe Gott und die Muttergottes und ihr trauriger, rechtmäßiger Sohn Jesus, die Kirche mit allen Glaubensgrundsätzen, Dogmen, Heiligem Abendmahl, Legenden und diversen Wundern, dem Papst in Rom, dem Märtyrer Aloisius Stepinac, dem emigrierten Erzbischof Ivan Evanđelist Šarić und das alles im Namen des Guten und damit auch in seinem Namen – die katholische Kirche redet von nichts anderem, immer nur vom Guten.

Wer also könnte besser als sie wissen, was für Dobro, den Guten, dobro, gut ist?

Wenn sie ihrem Sohn Dobro vorwarf, er hätte mit den Kommunisten Kroaten getötet und sich gegen Gott erhoben, dann geschah es zweifelsohne im Glauben an das Gute. Deswegen gab sie ihm kein Wasser zu trinken.

Gegen das Gute hatte der Gute keine Chance.

XIII

Štefanija Jergović starb Mitte der Siebziger. Ich weiß das Jahr nicht mehr, wahrscheinlich war es 1975.

Sie hatte Übergewicht, bewegte sich kaum, die Nemanje-Sackgasse ist eine steile Straße, nicht leicht zu erklimmen, die letzten Jahre hat sie die Wohnung nicht mehr verlassen.

Die österreichisch-ungarischen Häuser haben breite Erker mit Fenstern, so breit, dass man sich bequem zwischen die Fensterflügel legen kann.

Das Fenster in Štefanijas Wohnung befand sich hinter dem Klavier mit den Einmachgläsern.

Auf die Fensterbank legte sie ein Kisschen, damit sie es weicher hatte, dann stieg sie auf einen Schemel – sie war klein, kaum einen Meter sechzig – und schaute aufs Kissen gestützt den ganzen Tag, was auf der Straße so los war und wer dort ging.

Wenn sie sich hinauslehnte, konnte sie am Ende ihrer Sackgasse die Nemanje-Straße sehen, durch die der Verkehr rollte, Kinder in die Schule, Menschen mit Zahnschmerzen zum Zahnarzt gingen, denn gleich nebenan, einige Meter weiter unten, lag die neu gebaute, schöne Stomatologische Fakultät mit angeschlossener Poliklinik. Dort arbeiteten in den Siebzigern die besten Zahnärzte Sarajevos.

Wenn ich mit Nona zum Zahnarzt ging, stellte ich mir immer vor, dass mich Oma Štefanija beobachtete, während wir an der Nemanje-Sackgasse vorbeigingen.

Selbst wenn sie mich gesehen hätte, hätte sie mich nicht erkannt, obwohl ich ganz der Vater war.

XIV

Wie es in anderen Teilen Jugoslawiens war, weiß ich nicht, aber in Bosnien, in Sarajevo, musste man sich noch in den Achtzigern für das Verhalten näherer Anverwandter während des Volksbefreiungskampfes und der sozialistischen Revolution rechtfertigen.

Ende 1986 wurde ich zu einem Informationsgespräch bei der Staatssicherheit vorgeladen, und die Fragen, auf denen meine Gegenüber hauptsächlich herumritten – der eine freundlich, der andere aggressiv –, kreisten um meine beiden nach Argentinien emigrierten Großtanten und um Großmutter Štefanija, verurteilt wegen staatsfeindlicher Umtriebe.

Das war eine metaphysische Sünde, meine Erbsünde; die reale Sünde bestand darin, dass ich die Geburtstagsfeier einer Freundin besucht hatte, bei der neben anderen Merkwürdigkeiten Cracker mit Hakenkreuzen aus Mayonnaise verziert worden waren.

Zwischen diesen Crackern und der Zeit, als meine Oma auf der Höhe ihrer Schaffenskraft ihre Seele dem Führer verkauft hatte, lagen fünfundvierzig Jahre.

Im Verhör wurden jedoch beide Vergehen verknüpft, das eine genetisch vermittelt und das andere ziemlich undurchsichtig, was ist schon dabei, wenn Jugendliche Cracker mit Hakenkreuzen verzieren? Noch dazu mit Mayo.

Wobei ich nicht mitgeschmiert hatte. Ich hatte sie nicht einmal gegessen, weil ich keine Mayonnaise mag.

Aber ich bin auch nicht ins nächstbeste Polizeirevier gerannt, um zu melden, dass auf einer Geburtstagsfeier nationalsozialistische Symbole aus Mayonnaise zu sehen waren.

Das sei meine Pflicht, belehrte mich der freundliche Beamte, zumal ich mich »angesichts der speziellen familiären Verhältnisse und der Zusammenarbeit enger Verwandte mit der Besatzungsmacht« beweisen müsse.

Hätte er mich, den kaum Zwanzigjährigen, damals aus heiterem Himmel gefragt, ob ich mir den Kommunismus aus Jugoslawien fortwünsche, hätte ich gesagt, ja natürlich, der soll ruhig zusammenbrechen und kaputtgehen.

Der Auftrag ideologischer Beweisführung, den ich von den Mitarbeitern der Staatssicherheit bekam, war eine Form der Erniedrigung, die ich vorher nicht gekannt hatte. Es war eine neue Erfahrung, ein Gefühl, mit dem ich unter ganz anderen Bedingungen und Umständen ganz und gar leben sollte, das in gewisser Weise mein späteres Leben beherrschen sollte.

Plötzlich gehörte ich nicht mehr zu einer Gemeinschaft, einer Gruppe, einer Schulklasse, den Fans unserer Fußballmannschaft, der Warteschlange an der Kasse im Supermarkt, sondern musste mich wegen Oma Štefanija und ihren Schwestern »beweisen«. Das hört niemals auf, das währt dein Leben lang, es ist ein Stigma, ein gesellschaftlicher Status, eine Identität.

Sie gaben mir Gelegenheit, darüber nachzudenken, wie einsam die Kinder des Staatsfeindes sind. Ich denke bis heute darüber nach, ob wohl die einstigen Staatsfeinde inzwischen gute Patrioten und andere die Feinde sind.

Die bösen Gedanken über den Kommunismus und Jugoslawien hielten nicht lange an.

Nur so lange, bis der öffentliche Skandal ausgestanden war, denn die Geschichte von der Geburtstagsfeier war bis zur Presse vorgedrungen.

Danach besuchte ich die Uni weiter und schrieb für Zeitungen, und das Leben und die Gedanken über das Leben bewegten sich wieder im gewohnten Rahmen.

Die Staatssicherheit war wieder ein Gebäude, an dem man nicht vorbeikommt, weil es nicht auf dem Weg liegt, und bei dem man sich nichts denkt, denn was sollte man schon dabei denken. Ich war der Feind, solange sie mich für den Feind hielten.

Aber es hätte auch anders kommen können.

Die Behauptung, ich müsse mich wegen der Vergehen der Großelterngeneration beweisen, hätte genügen können, um mich meiner inneren Überzeugung nach auf Dauer als Feind zu erleben.

In diesem Fall wäre ich nicht so isoliert, wie ich mich heute empfinde.

In diesem Fall wäre ich Teil einer Gemeinschaft gewesen, einer zugegeben nicht sehr zahlreichen, die sich der ideologischen und gesellschaftlichen Ordnung widersetzte und die, wenig später Krieg anzettelnd, die

Führung übernehmen und 1990 binnen weniger Monate die herrschende und einzige gesellschaftliche Ordnung werden sollte.

Und dabei hätte ich ein ruhiges Gewissen gehabt: Man hatte mir gesagt, ich müsse mich beweisen, denn meine Oma war ein Staatsfeind.

Ich hätte ein guter Ustascha sein können, denn ich wusste über die Ustascha alles, was man aus Büchern über sie erfahren konnte.

Und ich kannte die familiären Ressentiments dieser Welt, wusste, wie man dort miteinander kommunizierte, war mit der kryptischen Sprache und dem komplizierten Verfahren (über das man eine langatmige, düstere und durch und durch epische Prosa schreiben sollte), mit dem Kriegsverbrechen in den christlichen und katholischen Begriff des Metaphysischen – ins Himmelreich – gehoben werden, vertraut. Durch dieses Nadelöhr gehen nicht nur Kamele, sondern ganze Konzentrationslager samt Baracken, Wachtürmen, Stacheldraht und Massengräbern.

Das ist nicht schwer: Man muss nur an das ganze Unrecht denken, das uns angetan wurde, von der Kreuzigung Jesu Christi bis zum Schließen der Fenster, wenn man reden wollte, ohne dass es die Nachbarn hörten, und schon nimmt alles seinen Lauf, logisch und ganz ohne Hass. Denn Gott ist Liebe.

XV

Vater war Atheist.

Er ging nicht in die Kirche, er hat mir gegenüber nie von Gott geredet. Vielleicht hat sich das am Ende geändert, das weiß ich nicht, aber wenn es so gewesen sein sollte, wenn er beispielsweise die letzte Ölung empfangen haben und wie so viele aus seinen Jahrgängen nach den Riten der katholischen Kirche von dieser Welt geschieden sein sollte, wäre er doch Atheist geblieben und hätte lediglich die Gepflogenheiten der neuen Zeit angenommen und sich zur Retrofolklore bekannt.

Er war Atheist, obwohl seine Mutter, von der er sich nicht lösen konnte, gläubig war.

Er glaubte, die Menschen wären so, wie sie die Kommissare der Kommunistischen Internationale schilderten. Alle gleich, Unterschiede nur bei Blutgruppe und Rhesusfaktor.

So war er, obwohl seine Mutter das ganze Repertoire von Hass und Verachtung an den Tag legte, das ihre soziale, nationale und religiöse Gemeinschaft schmückt und charakterisiert. Und so manchen ganz persönlichen Hass obendrein.

Aber es wäre falsch zu denken, die Partei hätte ihn umerzogen. Er schuldete ihr nichts außer Angst und Erniedrigung.

Die politische, ideologische und allgemein gesellschaftliche Einstellung meines Vaters stand in direkter Beziehung zu seinem Beruf. Man kann sagen, dass sie in der Hauptsache aus dem Medizinstudium rührte und von seiner Spezialisierung und Subspezialisierung überbaut wurde.

Die Gleichheit der Menschen resultierte aus der Gleichheit ihrer Körper.

Stimmt, diese Körper verschlissen auf verschiedene Arten, verschieden war auch das Verhältnis einzelner Menschen zu ihrem Leib, der verschwenderische Umgang mit dem eigenen Körper, schädigende Neigungen gegenüber Leber und Nieren oder die Sorge um die Prostata, aber nichts davon konnte mit Glaube, Rasse oder Nation in Verbindung gebracht werden.

Der Raum für Sektionen im Pathologischen Institut lieferte seiner Meinung nach den unzweifelhaften Beweis für die These von der Kommunistischen Internationale.

Er hat mir den Raum einmal gezeigt, da war ich dreizehn.

Er fragte mich nicht, ob ich das wollte, er hat mich auch in keiner Weise auf das vorbereitet, was ich zu sehen bekam.

Er war fröhlich – das musst du sehen!, sagte er, du bist alt genug, sagte er – und führte mich im Keller zu einem Becken, in dem tote Menschen und menschliche Körperteile schwammen. In den Regalen stapelten sich ungeborene Kinder in Glasbehältern wie Einmachgläser mit sauer eingelegten Paprika. Er zeigte mir das Gehirn eines Menschen, krebszerfressene Lungenflügel, ein Auge, aus dem ein Schwänzchen lugte.

XVI

Er beschäftigte sich mit Leukämie.
Er bedauerte, dass er die Erklärung, wie Leukämie entsteht und warum manche Menschen erkranken und andere nicht, nicht erleben würde.

Ekstatisch erklärte er mir zum hundertsten Mal die Krankheitstypen und zeichnete Leukozyten, Thrombozyten und Erythrozyten auf ein Blatt Papier. Er konnte gut erzählen, erzählte ein wirklich aufregendes Drama, man wusste nie, wie es ausging, aber ich kann nichts davon wiedergeben, und über Leukämie habe ich auch nichts gelernt.

Außer, dass es eine mathematische Krankheit ist.

Wir hatten unterschiedliche Begabungen, und die bestimmten auch, welches Wissen wir uns aneignen konnten.

Ich erkannte nur das Drama, ich spürte den Spannungsbogen, der in diesem Moment größer und wichtiger war als alles andere, was es zwischen uns geben konnte.

Mein ohnmächtiger, schwacher Vater, ein alter, schluriger Lump, der sich in wichtigen Momenten so oft von mir distanziert oder mich verleugnet hatte, verwandelte sich in seinen Vorlesungen über Leukämie in einen Titanen, einen kaltblütigen, aufopferungsvollen Giganten des Sozialismus, der geistesgegenwärtig und behände die Kräfte der Entropie besiegt.

Leukämie stellte sich mir als lange Reihe unglücklicher Zufälle dar, die in einem abstrakten, mathematisch-physikalischen Raum geschehen, die Macht menschlicher Vorstellungskraft und Fantasie übersteigen und letztlich das Leben selbst zerstören, den Körper und jeden Gedanken an ihn vernichten, den Menschen töten und alles, was er dachte, hoffte, liebte und anderen Menschen vorwarf.

Leukämie war keine Krankheit, sondern die schleichende Auslöschung der Wirklichkeit.

Mein Vater kam mit der Wirklichkeit nicht zurecht, aber dafür beherrschte er die Welt, die der Wirklichkeit voranging, in der sich das Drama der menschlichen Existenz unter mir unvorstellbaren Umständen in mathematischen Gleichungen und Abstraktionen abspielte.

Wahrscheinlich fiele mein Urteil über ihn viel härter aus, wäre er auf dem Gebiet nicht so gut gewesen.

Lässt sich Leukämie heilen?, fragte ich einmal.

Manche Arten schon.

Und andere Arten?

Man muss die Krankheit von der akuten in die chronische Phase überführen, antwortete er, stolz wie ein Held der Arbeit, stolz wie Alija Sirotanović.

Offenbar war das besser als jede Heilung, denn heilen lässt sich nur, was kaum krank beziehungsweise heilbar ist, wahrhaft erfolgreich heilen heißt, eine schwere, letale Krankheit ins chronische Stadium zu überführen, in Leben und Bestehen.

Schade, dass wir seit Kriegsbeginn nicht mehr über Leukämie gesprochen haben.

XVII

In den letzten dreißig Jahren war ich nicht mehr in seiner Wohnung.

Keine Ahnung, wie sein Zimmer aussah, die Haustür und die Wohnungstür, keine Ahnung, welcher Name daran stand.

Ich kannte nur die Adresse. Die Straße hieß früher Ulica Hasana Brkića, heute heißt sie Koševo.

Von seinem Fenster aus sah man das Stadion. Als U2 kurz nach dem Krieg in diesem Stadion ein Konzert gaben, wusste ich, dass mein Vater vom Fenster aus zusah. Ich war einer von fünfzigtausend Köpfen.

Einmal, im zweiten Kriegsjahr, flog eine Granate in sein Zimmer. Er war, sagten sie, ganz weiß vor Staub und Angst.

XVIII

Wir trafen uns im Krankenhaus.
Erste Innere, Abteilung Hämatoonkologie.
Ein altes Gebäude innerhalb des riesigen Klinikkomplexes, entworfen und gebaut in österreichisch-ungarischer Zeit mit einem Park und Spazierwegen zwischen den grauen Blöcken, wie man sich damals eben einen Raum vorstellte, in dem Menschen so angenehm und unbeschwert wie möglich krank sein konnten.

In den achtziger Jahren wirkte das Koševo-Krankenhaus mit seinen ganzen Kliniken und Abteilungen, von der Stadt durch Vogelgezwitscher und Bäume getrennt, wie ein Industriebetrieb zur Erzeugung sämtlicher bekannter Krankheiten. Das Gelände erschien durch die einheitliche Umfassung aus Beton und Stacheldraht, unterbrochen von mehreren Eingängen mit Schranke und Pförtnerhäuschen, wie ein anderer Staat, in dem andere Gesetze und Gewohnheiten herrschten und den man, einmal drinnen, nicht so schnell wieder verließ.

Ich kam immer von Osten.

Am Pförtner ging ich gewöhnlich wortlos vorbei. Der saß entweder neben einem eingeschalteten Heizlüfter, las *Oslobođenje* oder *Politika* und sah nicht einmal auf, oder er hob oder senkte die Schranke, um einen Krankenwagen oder einen Arzt im privaten Pkw durchzulassen.

Allerdings kam es gelegentlich vor, dass die Grenze aus Sicherheitsgründen geschlossen wurde. Zum ersten Mal ließ mich der Pförtner am Todestag von Edvard Kardelj nicht hinein. Ich war zwölf Jahre alt, hatte keinen Personalausweis, deswegen rief der Mann meinen Vater an, er solle mich holen.

Beim nächsten Mal war die Grenze monatelang zu.

Es begann nach Neujahr 1980 und dauerte bis nach Titos Tod. In dieser Zeit bekam ich auf Vaters Drängen hin eine offizielle Einlasskarte für das Krankenhaus. Es war das erste Dokument mit Passfoto, das ich besaß. Kurz nach Titos Tod holte ich mir einen Personalausweis. Ich war gerade vierzehn geworden, was im Gesetz als Mindestalter für die Ausstellung eines Personalausweises festgelegt war.

Nach dem Pförtnerhäuschen begann das Klinikgelände mit seinen Fußgängerwegen und einem Labyrinth asphaltierter Straßen, die jedem, der – etwa weil er nie zuvor krank gewesen war, jetzt aber eine Blinddarmentzündung hatte – zum ersten Mal dort war, trotz unzähliger Wegweiser unentwirrbar erscheinen mussten. Man konnte sich leicht verlaufen, vor allem wenn man Panik bekam – und wo könnte einen schneller Panik erfassen als in einer Horror-Utopie wie dem Krankenstaat von Koševo? –, obwohl das Wege- und Straßennetz im Grunde einfach und leicht verständlich ist, so wie jedes System, das wir von Österreich-Ungarn geerbt haben, einfach und leicht verständlich ist, wenn man sich konzentriert.

Was jeden Menschen bei jedem Besuch zusätzlich belastete, waren die Bewohner dieser Region.

Obwohl ich über Jahre häufig allein auf dem Krankenhausgelände war – vom vollendeten zehnten Lebensjahr bis Kriegsbeginn mindestens zwei Mal pro Woche –, an diese Bewohner, ihre soziale Hierarchie und Kleiderordnung gewöhnte ich mich nie.

Männliche Kranke gingen in der Regel und zu jeder Jahreszeit in altmodischen, blau, grün oder grau gestreiften Pyjamas mit einem schmuddeligen Frotteemantel, Morgenrock oder Bademantel darüber spazieren, dazu die ewigen karierten Wollpantoffeln, kamen bis an den Rand des Parks, flüchteten mitunter jenseits der Umfassungsmauer. Die Pantoffeln waren in den Siebzigern die einzigen, die man bei uns kaufen konnte, manchmal sieht man sie heute noch in den halbleeren Auslagen eines Schuhgeschäfts vor der Schließung. Vielleicht sollte man ein letztes Paar kaufen, zum Andenken und um sie jüngeren Generationen zu zeigen.

Die Frauen waren nicht ganz so uniform gekleidet: Die Jüngeren trugen bunte Hauskleider mit Gummizug in der Taille, während die Älteren in Nachthemd und Morgenrock durch den Park schlenderten. Wer erst seit Kurzem im Krankenhaus war, trug zivile Schuhe, goldene Sandälchen beispielsweise mit hohen Absätzen; erst wenn sie sich mit der Krankheit und dem langem Liegen abgefunden hatten, zogen sie Pantoffeln an, die im Nu, binnen einer Woche, hässlich und dreckig wurden. Die abgetretenen Pantoffeln der Siebziger und Achtziger waren Wappen, Flagge und Pass des Klinikums. Die Gesunden strebten zum fünfzackigen Stern, die Kranken traten in zerschlissenen Wollpantoffeln mit dünnen Gummisohlen auf der Stelle.

Jetzt, da ich das schreibe, fällt mir etwas Interessantes auf: Ich kann mich weder an einen fünfzackigen Stern auf dem Klinikgelände erinnern noch an Fahnenmasten, und ich bin sicher, dass es nirgends die damals üblichen revolutionären Parolen oder ein Bild von Tito gab. Die Symbole der Außenwelt waren auf Marmorsockel mit den Bronzeköpfen berühmter Doctores beschränkt, den Gründern einzelner Kliniken, aber auch davon gab es nur einige wenige.

Die Ärzte bewegten sich innerhalb der Klinik leichtfüßig und fröhlich mit dem obligatorischen Stethoskop um den Hals, durch das sie sich vom gewöhnlichen medizinischen Personal abhoben.

Generell unterschieden sich Gesunde von Kranken durch die weißen Kittel. Selbst die Besucher mit ihren Plastiktüten voller Orangen dürften sich unwohl gefühlt haben, weil sie so wenig wie die Kranken einen weißen Kittel trugen. Im Klinikum waren nur Ärzte und Krankenschwestern gesund, alle anderen wirkten verdächtig ungesund.

Die meisten Kranken waren graugelb im Gesicht, egal, woran sie litten.

Das Koševo-Klinikum ist das größte in Bosnien-Herzegowina, lange war es auch das einzige in dem großen Teil jenes alten Zentralbosnien, in dem bereits zu

Franz Josefs Zeiten der größte Teil der Schwerindustrie, Chemie- und Holzverarbeitungsbetriebe, zahlreiche Kohleminen und einzelne Zementwerke angesiedelt worden waren, fast alles Unternehmen, in denen die Leute reihenweise krank wurden, und die wurden dann nach Sarajevo auf den Koševo geschickt.

Sie zogen mit ihren Zirrhosen und Silikosen und Lungenkrebsen, chronischen Nierenentzündungen und anderen schweren Krankheiten ins Krankenhaus, meist, um dort zu sterben.

Sie irrten über das Klinikgelände, zahnlose, unrasierte Angehörige der Arbeiterklasse, die Avantgarde unserer Gesellschaft, die mit der Errichtung der Diktatur des Proletariats für immer die gesellschaftlichen Verhältnisse ändern und dem Lauf der Zivilisation eine neue Richtung geben würden, die Zigarette zwischen den Fingern, und ihre Augen blickten furchtsam umher, aus Angst vorm Doktor. Wenn sie einen erblickten, versteckten sie sich hinter Bäumen und überquellenden Müllcontainern oder verbargen die Glut ihrer Kippe im Pyjamaärmel.

Obwohl die wenigsten noch lange zu leben hatten, fürchteten sie sich am meisten davor, dass ihr behandelnder Arzt oder ein anderer Doktor sie beim Rauchen erwischte.

Das unterschied meiner Meinung nach die Kranken im Sozialismus von den Kranken, die in der Welt krank waren, die wir nachträglich die freie nennen, die Welt der parlamentarischen Demokratie. Die wurden nicht von den Ärzten über das Krankenhausgelände gehetzt, weil sie rauchten.

Die Ärzte im Westen werden nicht dafür bezahlt, Patienten aufzuspüren, die aktiv gegen die Möglichkeit ihrer Gesundung arbeiten.

Heute, wo auch wir Westen sind, wenigstens wir, die wir in Zagreb wohnen, legt der Arzt gegenüber Kranken, die heimlich gegen die Regeln verstoßen, zynische Verachtung an den Tag. Denn er wird tatsächlich nicht dafür bezahlt, seine und fremde Patienten zu verfolgen und zu bestrafen.

Aber auch damals wurden die Ärzte nicht dafür bezahlt, und trotzdem gehörte es, zumindest in Sarajevo, im Koševo, zu ihren Pflichten, Regelverletzungen auf dem Krankenhausgelände zu ahnden.

Manche taten das mit Begeisterung, sie ähnelten Bata Stojković in dem Film *Balkanski špijun*, andere, beispielsweise mein Vater, gingen diskreter und nobler, doch darum nicht weniger streng gegen jene vor, die sich nicht an die Krankenhaus- und Gesundheitsvorschriften hielten.

Aber warum, wenn sie nicht dafür bezahlt wurden?

Trotz allen Nachdenkens ist mir in all den Jahren, Friedens- wie Kriegsjahren, nichts Besseres eingefallen, als dass sie rauchende Patienten aus moralisch-politischen Gründen verfolgten.

Es war ein Akt ideologischer Rechtschaffenheit, nicht kurz und einmalig, vielmehr musste man sich täglich beweisen, sich selbst wie dem Gemeinwesen. Es war eine Form der Wachheit vor dem Feind, der niemals schläft. Schlimmer noch: der Feind raucht, statt den kranken Leib mit Schlaf zu erquicken.

Die Sterbenden, die sich im Park versteckten, um ungestört zu rauchen, und die Ärzte, die sie ausspionierten, beschämten und denunzierten, waren ein groteskes Abbild der Gesellschaft draußen, jenseits der Einfriedung.

Das, woran sie gewöhnt waren und was ihren Alltag und die Umgangsformen bestimmte, behielten die Menschen gewissermaßen in der Grenzsituation bei und inszenierten es, während sie krank waren oder neben ihrem ärztlichen Auftrag das Leben der Kranken- und Krankenhausgesellschaft organisierten.

Darin lag ein anrührender Egalitarismus.

Wenigstens wirkt es im Rückblick so.

In Übereinstimmung mit den vom Westen übernommenen Sitten sehen heutige Ärzte aus der himmlischen Höhe ihrer sozialen Stellung voller Verachtung auf rauchende Patienten herab, und gleichzeitig nutzen sie die universale Gesundheit als Herrschaftsinstrument wie die Priester ihren Gott.

Die damaligen Ärzte benahmen sich so, als verkehrten sie mit den Patienten auf gleichem Fuß, als teilten sie mit ihnen dieselbe Welt und gehörten derselben Gesellschaftsschicht an und hätten nur deshalb einen Grund, sie im Park zu verfolgen und ihren behandelnden Ärzten zu melden.

Schließlich konnte, zugespitzt ausgedrückt, noch der

brutalste Wärter im Gulag, ja selbst der Lagerkommandant, morgen schon Gefangener sein; er konnte die, deren Vernichtung ihm übertragen worden war, noch so sehr quälen, er war ihnen doch gleich.

Ein Fehler, und er wurde einer von ihnen.

So war es auch mit den Ärzten am Koševo-Klinikum: Wurden sie selbst krank, landeten sie auf demselben Gelände, in derselben Rolle, mit etwas eleganteren Pyjamas und Morgenmänteln, mit neueren Pantoffeln an den Füßen, und wenn sie sich dann im Park eine Zigarette anzündeten, versteckten sie sich unbehaglich wie die übrigen Kranken, damit sie kein diensthabender gesunder Kollege beim Rauchen erwischte.

Der Sozialismus war trotz allem menschlicher und edler, trotz der Ärzte, die ihre Patienten verfolgten. Ausspioniert, verfolgt, abgehört und bespitzelt können wir uns immer noch als Menschen fühlen, nicht jedoch, wenn wir offen verachtet werden für das, was wir sind. Dass wir zum Beispiel Raucher sind.

Im Sozialismus wurde außerdem unheilbar Kranken niemals reiner Wein eingeschenkt. Starb einer an Krebs, kannte nur die Familie oder sogar nur ein einziges Familienmitglied die Diagnose. Welchen Nutzen hätte ein unheilbar Kranker von der Wahrheit, außer schrecklicher Angst vor dem nahen Tod?

Im neuen, kapitalistischen Zeitalter erfährt der Patient seine Diagnose. Und zwar gewöhnlich so, wie wenn ein Kfz-Mechaniker dem Kunden erklärt, der Motorblock sei hinüber oder das Getriebe kaputt und eine Reparatur rentiere sich nicht mehr. Vielleicht ist der Kfz-Mechaniker letztlich rücksichtsvoller und lässt mehr Raum für Hoffnung, etwa, indem er erwähnt, der Schrotthändler hätte gelegentlich Motorblöcke, die seien so gut wie neu …

Der Kranke erfährt postwendend alle schlimmen Neuigkeiten, man weist ihn darauf hin, wie viel Zeit ihm bleibt, um die Girokonten zu schließen, Scheckkarten zu vernichten und das Testament zu schreiben. Und was die Angst vor dem Tod betrifft, die metaphysische Furcht vor dem Nichts und dem Augenblick, wenn sich dieser Gedanke in Luft auflöst, das ist Sache der Kirchen. Atheisten ist das Recht auf Trost genommen.

Als mir die Schwester seiner Frau am Donnerstag mitteilte, dass Vater im ehemaligen Militärkrankenhaus lag, war ich damit sehr einverstanden. Am Koševo war er Arzt gewesen, es wäre nicht schön gewesen, ihn dort zum bloßen Kranken zu degradieren, noch dazu im finalen Stadium.

Das Militärkrankenhaus wurde von der Jugoslawischen Volksarmee gebaut, als der Sozialismus noch reich war, ohne Außengelände, Parkanlage und Menschen, die auf der Suche nach einer uneinsehbaren Stelle herumirren, wo sie heimlich eine Zigarette anzünden und eventuell einen Schluck aus der Schnapspulle nehmen können.

Nicht nur die uniforme Kleidung der Patienten, auch Gerüche nährten seinerzeit die Vermutung, dass nach dem Pförtnerhäuschen eine andere Welt beginne.

Erstens die Ausdünstungen der Krankenhausküche.

Unverhofft wehten sie mich an, jedes Mal an einer anderen Stelle, vermutlich abhängig davon, aus welcher Richtung und wie stark der Wind wehte. Gewöhnlich schaffte ich es nicht, die Luft anzuhalten und das Atmen einzustellen, bis sich die stinkende Wolke wieder verzogen hatte, deren Inhaltsstoffe ich nie entschlüsseln und analysieren konnte; es waren Panade und ein Sauerkraut darin, das sich in den Stirnhöhlen festkrallte, Gulasch, bleischweres pflanzliches Öl, ranziges Fett und dies und das, aber sicher bin ich mir bei keiner dieser Zuordnungen.

Kann sein, dass ich mit meinen Vermutungen völlig falschliege, aber mehr als alles andere auf dem Krankenhausgelände verwirrte und verunsicherte mich, dass sich die Küchengerüche kein bisschen veränderten und im Herbst und Frühling, im Sommer und Winter immer gleich rochen.

Seither und für alle Zeit gehört als wichtiges infernalisches Element meiner persönlichen Vorstellung von Diktatur oder einer negativen Utopie eine Küche, in der an 365 Tagen im Jahr und durch alle zweitausend Jahre der zeitgenössischen westlichen Geschichte hindurch dasselbe Essen gekocht wird.

Zweitens der Geruch der Krankenhauswäscherei.

Nach dem Anstieg am Ende des Parks, kurz vor der Straße, quoll aus dem Keller eines Gebäudes neben der Urologie zu jeder Jahreszeit Wasserdampf.

Dieses graue Haus, das sich in seiner Bauweise nicht

von den meisten anderen unterschied, sah aus, als würde es jeden Moment wie ein Sputnik ins Weltall geschossen.

Unter ihm wurde die für den Start nötige Energie gesammelt, jahrelang, begleitet von einem unglaublichen, völlig unerklärlichen Gestank, viel widerlicher als der aus der Krankenhausküche.

Die Küche konnte man noch auf eine etwas abseitige Art genießen und sinnieren, was da derart bestialisch stank, aber die Wäscherei schlug einem so auf den Magen, dass man sich übergeben musste, wenn man es nicht gewöhnt war. Selbst wer mehrmals täglich an der Wäscherei vorbeikam, lief etwas schneller. Der Gestank der Krankenhauswäscherei konnte einen in Panik versetzen.

Was kann in einer Krankenhauswäscherei so erbärmlich stinken?

Wir sind gewohnt, dass Waschmaschinen durch Waschmittel und Weichspüler nach Blumen duften; neben einer diskreten Vorahnung chemischer Kriegsführung riecht es auch in Waschsalons und Reinigungen so, daher kann man sich kaum vorstellen, dass Wäschereien stinken.

Meiner Erfahrung nach tun sie es, und deshalb stecke ich die Nase nicht allzu oft in Waschmaschinen, ich habe immer noch ein wenig Angst, mich könnte aus dem Nichts der Gestank meiner Krankenhausjugend anwehen. Ich versuche auch nicht, meine Erwartungshaltung abzuschütteln, ich wüsste nicht, wozu das gut sein sollte.

Ich hege meine Vorurteile gegenüber Wäschereien und Waschmaschinen – bezeichnet mit neu erdachten kroatischen Wörtern – und allem, was damit in Zusammenhang steht. Diese Vorurteile sind Teil meiner Identität oder eine meiner Identitäten – ich bin der, der instinktiv und ohne das Bedürfnis, das Problem zu vertiefen oder näher zu betrachten, Wäschereien fürchtet.

Es sind zugegeben harmlose Vorurteile, meine Anti-Wäschereien-Identität hat noch niemandem geschadet, aber wenn ich mir vorstelle, wie es ist, körperlich negativ auf die Leute aus dem Nachbardorf zu reagieren, wie sich ein tief sitzender, intensiver Chauvinismus anfühlt, denke ich an meine Angst vor stinkender Wäsche. In ihren leichteren, rituellen und sozial eingebundenen Formen sind Nationalismus und Chauvinismus verachtenswert. In schwereren Fällen ist meiner Meinung nach Mitleid angebracht, will man begreifen, worum es überhaupt geht. Wahrhafte Vorurteile fühlen sich an wie amputierte Gliedmaßen. Und um Chauvinismus zu verstehen, muss man wissen, wie sich ein Chauvinist fühlt. Richtig und zuverlässig kann über die Ustascha nur reden, wer sich mit ihren Gründen, Motiven und Gefühlen identifizieren kann. (Es versteht sich von selbst, dass ich das im literarischen, nicht im politischen Sinn meine. Die politische Sprache ist immer nur verurteilend, und Verurteilen ist einfach und leicht.)

Hatte man die Wäscherei passiert, musste man rechts abbiegen und erreichte nach weiteren hundert Schritten bergan die Erste Innere. Die Hämatoonkologie, in der mein Vater in den Achtzigern Herr und Kultfigur war, weil die Kranken, aber auch Teile des Klinikpersonals glaubten, er entscheide über Leben und Tod, war im Erdgeschoss untergebracht.

XIX

Zu seinem Büro führte ein Flur, der um neunzig Grad abknickte und weiterging. Entlang des Flurs standen zu beiden Seiten Stühle, auf denen zu bestimmten Tageszeiten, frühmorgens und dann wieder um ein Uhr mittags, Patienten saßen.

Mit ihren grauen, ausdruckslosen Gesichtern gleich Lagerinsassen aus amerikanischen KZ-Filmen achteten sie nicht auf mich, der ich kahlgeschoren, mit Punker-Lederjacke und einem damals nicht eben üblichen Ohrring an ihnen vorbeiging.

Anfangs empfand ich vielleicht etwas für sie, oder vielleicht habe ich mich vor ihnen gefürchtet, wie sich Kinder vor Kranken und Uniformträgern fürchten, aber mit den Jahren gewöhnte ich mich an ihre vorübergehende, anonyme Anwesenheit, ich dachte nicht darüber nach, dass die Mehrheit dieser Menschen ein, zwei Monate später nicht mehr da sitzen würde, weil sie ins Ahiret, in den Wartesaal fürs Himmelreich, umgezogen waren oder im Einklang mit atheistischen Überzeugungen einfach in der bosnischen Erde verfaulten. (Nebenbei: Ist das Wiedererblühen der Kirchen in den Ländern des ehemals kommunistischen Ostens und insbesondere des ehemaligen Jugoslawien nicht zum Teil eine Folge schlechten Marketings? Konnten sich die Atheisten wirklich nichts Tröstlicheres einfallen lassen als einen Körper, der sich zersetzt, und eine Seele, die mit ihm gemeinsam stirbt?)

Vaters Büro war eng, asketisch und trotz aller Modernisierungen, Erweiterungen und Umbauten immer gleich möbliert. An der Wand stand eine alte, mit grünem Leder bezogene Untersuchungsliege, die wahrscheinlich aus Franz Josefs Zeiten stammte. Dort legte sich mein Vater frühmorgens hin, wenn er Bereitschaftsdienst hatte. Gegenüber stand eine Schulbank mit Stuhl und Olivetti-Schreibmaschine, auf der er Diagnosen und Rezepte tippte.

Meist blieb ich nicht lange. Nur für ein paar kurze, allgemeine Sätze, Austausch zweier Unbehaglichkeiten, die selten in einer zusammentrafen.

Und das mindestens zwei Mal wöchentlich.

Er gab mir Taschengeld (die Alimente schickte er während der Achtziger per Post), manchmal holte er aus dem Schrank Geschenke, die er von dankbaren Patienten erhalten hatte, Pralinen oder eine große Tafel Schwesterchen-und-Brüderchen-Schokolade von Kraš, eingewickelt in dünnes weißes Papier.

Einmal schenkte er mir ein Männerportemonnaie, groß, schön, aus feinem Leder. Offenbar hatte er die Fächer vorher nicht durchsucht. Als ich heimkam, fand ich tief drinnen gut versteckt eine Goldmünze. Von der habe ich ihm nie etwas erzählt. Das Portemonnaie benutzte ich zwanzig Jahre lang, ich bin damit nach Zagreb gezogen, ich habe es mit mir herumgeschleppt, bis es auseinanderfiel. Es wäre nicht schlecht, wenn durch ein Wunder das ganze Geld, das durch dieses Portemonnaie gegangen ist, zu mir zurückkäme. Die Münze muss ich irgendwann verloren haben.

Unsere Krankenhausgespräche belebten sich erheblich, dauerten länger und wurden komischerweise persönlicher, so persönlich sie eben zwischen uns beiden werden konnten, als die Lage in Jugoslawien ab September 1987 nach der achten Sitzung kompliziert wurde und ich die Ereignisse ungefähr zur gleichen Zeit für Zeitungen zu kommentieren begann.

Wir waren Gleichgesinnte, außer dass sein Urteil milder war und er im Unterschied zu mir glaubte, dass alles ein sehr schlechtes Ende nehmen würde.

XX

E r duldete keine blauen Briefumschläge.
Er ließ nicht zu, dass ihm Patienten teure Geschenke machten.

Deswegen war die Goldmünze so gut versteckt, denn der Patient oder dessen Vater oder die Mutter wussten, dass der Doktor sie nicht annehmen würde, aber ihm oder ihr war das Geschenk aus irgendwelchen Gründen oder Überzeugungen wichtig, wahrscheinlich aus dem Gedanken heraus, es sei eine Schande und die Heilung unvollständig, wenn der Doktor kein Zeichen der Dankbarkeit erhält, und so werden Arzt und Patient, dem es jetzt mit seiner chronischen Leukämie gut geht, in das Epos oder Volksmärchen eingehen, aus denen die Goldmünze ursprünglich kommt.

Lebenslang hielt er sich an die Gesetze.

Aber ich glaube nicht, dass das der einzige Grund war, warum er teure Geschenke ablehnte. Alles in seinem Leben war irgendwie schief eingerichtet, aber er war zu schwach oder hatte nicht den Willen, die Dinge zu ändern und sich aus dem Rahmen zu lösen, der ihm familiär und gesellschaftlich vorgegeben war.

Wenn er für irgendetwas eine Leidenschaft entwickelte, dann bemühte er sich, seine Leidenschaft zu unterdrücken.

Das Einzige, worin er hartnäckig und beharrlich blieb, war sein ärztlicher und medizinischer Auftrag. Patienten konnten ihn bei Problemen mitten in der Nacht rufen, er sprang aus dem Bett und ging dorthin, wo er gebraucht wurde.

Als Doktor war er so gut, dass er auch in allem anderen ein ruhiges Gewissen verdient zu haben glaubte. Aber er hatte kein ruhiges Gewissen, deswegen arbeitete er noch härter im Beruf.

Vor allem, vor dem eigenen Leben, dann auch vor

mir, flüchtete er im realen wie im metaphorischen Sinn in die Medizin.

Würde ich tiefer in die Metapher einsteigen, was sich Vater gegenüber nicht gehört, mich aber stilistisch reizt, dann würde ich sagen, dass er vielen das Leben verlängerte, viele akute in chronische Leukämien überführte, weil der Doktor kein Vater sein konnte und wollte.

Patienten mussten gut überlegen, was sie einem solchen Arzt schenken konnten.

Die anrührendsten Geschenke waren wahrscheinlich jene, die keine Spur hinterließen: Körbe mit Eiern von eigenen Hühnern, Säckchen mit Travniker Käse, selbstgemachter Frischkäse, eingewickelt in durchsichtig-weiße Gaze, gerupfte Hühner, wilde und zahme Hasen, Forellen und lebende Karpfen aus einem der Fischteiche, die in den Siebzigern rund um Sarajevo brodelten, Mohnstriezel, Nusskuchen, Gugelhupfe, Hefezöpfe und Ostertörtchen, Gaben der Armen aller drei Glaubensgemeinschaften aus den Dörfern rund um Sarajevo, denen die Leukämie damals, bevor der Fernseher zum lebendigen Schaufenster aller menschlichen Gebrechen wurde, eher als himmlische Verdammnis, entsetzlicher Fluch, Strafe Gottes erschien denn als eine Krankheit, an der ein Mensch, wenn es das überhaupt gibt, im Frieden mit Gott sterben kann.

Sie beschenkten den Doktor mit Hausgemachtem, weil sie es hatten und weil ihm in der frappierenden, unsterblichen jugoslawischen Mythologie und Mythomanie ein unglaublich hoher Stellenwert zukam: Eier von eigenen Hühnern, Fleisch von eigenhändig geschlachteten Tieren, selbstgebackene Kuchen ...

Das liegt nicht so lange zurück, aber die Kluft zwischen uns und der Welt wurde tiefer als der Abgrund vor dem Paradies, den die Sirat-Brücke – dünner als ein Haar, schärfer als ein Säbel – überbrückt, als der Mythos von der Hausmacherkost parallel zu unseren Kriegen, zu der Zeit, als Vater in Rente ging, ein im Vollsinn des Wortes globales und planetarisches Äquivalent bekam.

Ökologisch produzierte Lebensmittel, frei von genveränderten Elementen, fanden sich in speziellen Abteilungen aller großen Supermärkte ein, die pockigen, verschrumpelten Äpfel, die in unserer Kindheit im Schatten der hohen Schornsteine des Heizkraftwerks in Neu-Sarajevo wuchsen, eingehüllt vom Smog der sozialistischen Schwerindustrie, wurden doppelt so teuer wie die großen roten Äpfel, kraftvoll und gesund wie US-Soldaten im Irak, die die reiche Welt genauso verabscheut, wie wir zur Zeit der sozialistischen Selbstverwaltung und der jugoslawischen Regierungspolitik der wirtschaftlichen Stabilisierung von Veselin Duranović und Milka Planinc bis zum Vorkriegs-Ante-Marković alles verabscheuten, was nicht einheimisch und hausgemacht war, sondern aus dem Ausland und der Fabrik kam.

Mythos und Abscheu trieben mitunter seltsame Blüten. Bananen etwa waren verschrien, als würden sie von Farb- und Aromaherstellern produziert oder tagtäglich mit Pestiziden besprüht, während sie gleichzeitig einer kollektiven Vision zufolge im Urwald wuchsen. Hätte es ein natürlicheres und in gewisser Weise heimischeres Ambiente als den Urwald geben können? Bananen galten als ungesund, man schätzte sie gering, wies ihnen denselben Ernährungswert und kulturellen Rang wie Schokolade oder Hamburgern zu, und so sollte es bis zum Verfall des Kommunismus bleiben. Vielleicht lag es daran, dass Bananen das ganze Jahr angeboten wurden, andere Obst- und Gemüsesorten hingegen je nach Jahreszeit. Mitten im Winter geerntetes Obst und Gemüse aus Gewächshäusern gab es bei uns so gut wie gar nicht, und so wurden Bananen vielleicht auch deshalb verachtet, weil sie gegen die Naturgesetze verstießen oder aus einer Welt kamen, in der die Naturgesetze nicht galten. Heimisch ist demzufolge nur, was in der Erde und zu der Zeit wächst, in der es normalerweise wächst und heranreift. Alles andere ist irregulär und ungesund.

Die ungewöhnlichsten Geschenke bekam Vater von Patienten aus Pale und Sokolac (von denen in diesem Abschiedsessay noch die Rede sein wird): geschlachtete Ferkel oder kleinere bis größere Schweinehälften, auf deren Haut gemäß einer unerklärlichen Regel mit Kopierstift in ordentlichen Druckbuchstaben wie im Schulheft geschrieben stand: »Für Doktor Jergović.«

Mich schauderte schon als kleiner Junge vor diesen Gaben.

Warum, wurde mir klar, als ich Ende der Siebziger

zum ersten Mal *Der Pate* sah. Der Pferdekopf auf dem Bett erinnerte mich an die kleinen Ferkel aus der Romanija, trickreich außerhalb der Schlachtsaison eingefangen, um dem Doktor eine große Ehre zu erweisen.

Aber was sollte die Widmung?

War es, weil die Ferkel einem Doktor, einem studierten Mann geschenkt wurden und das Geschenk in die Stadt ging, in der alles Wichtige schriftlich vorlag?

Damals war die Romanija berühmt für einen Kräuterkundigen, der nach allgemeiner Überzeugung heilen konnte, wo die Medizin kapitulierte, und für den angeblich besten Gusla-Spieler von ganz Jugoslawien. Der beste anscheinend deshalb, weil er in den Siebzigern die meisten Zehnsilbenverse verfasste: zu Ehren Titos, der Blockfreienbewegung, der Gemeinschaftsarbeitsverordnung …

Als Anfang 1977 der Vorsitzende des Bundesexekutivrates der Sozialistischen Föderativen Republik Jugoslawien, Džemal Bijedić, bei einem Flugzeugabsturz in der Nähe von Sarajevo umkam, wurden die üblichen ganzabendlichen Konzertmitschnitte klassischer Musik aus den Archiven der Sender von einer unglaublichen Aufnahme unterbrochen, nach der ich jahrelang fahndete, nur um zu erfahren, dass sie gelöscht wurde, also nur noch in der Erinnerung der Zuschauer existiert: Ohne Ansage erschien nach Mozarts Requiem oder so etwas, aufgenommen in dem und dem Jahr beim Belgrader Musikfestival Bemus, Kosta Plakalović in Volkstracht auf den Bildschirmen unserer Fernsehapparate mit einer Gusla, deren Kopf das AVNOJ-Wappen – sechs Fackeln und fünfzackiger Stern – zierte.

Ich war nicht ganz elf Jahre alt, mein Eindruck kann nicht objektiv sein, aber seine Trauerrede, in der er noch vor dem Befund der Forensiker und der Darstellung des Unfallhergangs in den Fernsehnachrichten den Tod des Genossen Džemal und seiner Frau Razija schilderte, gehört bis heute zu meinen intensivsten, außergewöhnlichsten Fernseh-, Lese- und Hörerlebnissen.

Der Gusla-Spieler gehörte derselben Welt an, die meinen Vater mit signierten Ferkeln beschenkte.

Es ist sogar gut möglich, dass er selbst einmal Vaters Patient war, auch er hat ihm wahrscheinlich ein Ferkel geschenkt. Und es unabhängig von der oralen Natur seiner Werke signiert.

Diese Signatur war in jedem Fall eine Reverenz an die Stadt.

Sie untermauerte, dass die Menschen der Romanija zu derselben Welt wie die Stadt gehörten, vornehm und aufmerksam sein konnten und deren Sitten achteten.

Aber wo in der Stadt mochten sie ein signiertes Schwein gesehen haben?

Empfanden sie die Stempel der Veterinäre, die bereits in den Siebzigern auf den Vorder- und Hinterkeulen toter Tiere erschienen, als eine Art Signatur und Widmung?

Oder haben sie, was ebenfalls nicht unwahrscheinlich ist, mal einen Schriftsteller – per definitionem ein Stadtmensch – beobachtet, der ein Buch signiert – nichts

Städtischeres als ein Buch! –, und wollten es ihm gleich-
tun und das signieren, wofür sie aus städtischer Perspek-
tive besonders geschätzt wurden und das gewissermaßen
ein Markenzeichen ihrer Identität war?

Vater zerbrach sich nicht den Kopf über die Gründe,
warum dankbare Patienten mit ihren Namen Schwei-
neschwarten signierten und die Unterschrift als freundliche Widmung tarnten. Ihm war wichtig, dass ihn keiner mit blauen Briefumschlägen behelligte und seine
große, edle Illusion von sich und seiner Mission auf dieser Welt zerstörte.

XXI

Am häufigsten schenkten sie natürlich Alkohol.
Das Geschenk spiegelte präzise Gesellschaftsschicht und Stand.

Bauern, die dann doch die Mehrzahl der Patienten
bildeten, nahmen aus unerfindlichen Gründen an,
Ärzte würden einem Selbstgebrannten nicht dieselbe
Wertschätzung entgegenbringen wie den Eiern von
eigenen Hühnern. Oder sie fanden die Vorstellung unanständig, der Doktor schätze weiche Pflaumenbrände
und könnte ihrem betäubenden Zauber verfallen sein.
Vielleicht lag auch eine abergläubische Furcht ums
eigene Wohlergehen darin: Wenn der Doktor so wie sie
diesen schrecklichen Schnaps soff, von dem man Kopf-

schmerzen kriegt und unerträglich nach Scheiße stinkt, kann er nicht etwas so Kompliziertes, Unbegreifliches, Gespenstisches und Städtisches heilen wie die Leukämie.

Jedenfalls schenkten die Bauern, aus diesem oder jenem Grund furchtsam oder gleichgültig, Getränke aus dem Supermarkt.

Alkohol war bei uns schließlich ein Statussymbol, nicht wie beispielsweise die Schweinehälften Ausdruck des bäuerlichen Genies.

Unabhängig von Stand und Herkunft schenkten die meisten Patienten eine Flasche Stock.

Stock war Ende der Siebziger ein hochwertiges Getränk, nicht nur dem Preis nach, sondern auch aufgrund der Tatsache, dass er aus dem Ausland kam – wenigstens dachten alle, er sei importiert, abgefüllt wurde er jedoch in Split –, und in den Achtzigern wurde die Marke ein Emblem der breiten unteren Mittelschicht, zur Schutzmarke des letzten Jahrzehnts jugoslawischer Kneipen und Spelunken.

Doch so verbreitet Stock auch sein mochte, er blieb repräsentativ genug, um ihn dem Doktor zu schenken.

Die ganz Armen brachten Weinbrand der Marken Badel oder Zvečevo oder den proletarischen Rubin, der in den Mini-Cafés von Sarajevo ausgeschenkt wurde, die keine Konzession hatten und wegen der billigen Spirituosen zum Zufluchtsort der Alkoholiker im letzten Stadium einer Zirrhose wurden.

Patienten schenkten auch verschiedene Liköre, die es

damals, so stellt es sich wenigstens in der Erinnerung dar, häufiger als heute gab, mit verrückteren, sinnloseren Sorten in allen Farben, Schattierungen und Flaschenformen. Wahrscheinlich wurden sie in den jugoslawischen Abfüllereien eben wegen dieser Buntheit und Verkitschtheit designt und kreiert, wahrscheinlich wurden Likörflaschen nur gekauft, damit sie wie die Bananen, Äpfel, Orangen und Weintrauben aus Plastik, die jugoslawische Wohnzimmer in jener Zeit schmückten, hübsch aussahen und bei den unzähligen zeremoniellen Anlässen zum Einsatz kamen, vor allem in Zeiten wachsenden Wohlstands und der Bildung einer neuen bürgerlichen Gesellschaft.

Außerdem waren Liköre ideal geeignet für ein ungewöhnliches, unwiederbringlich verlorenes Ritual, das leider wie so vieles andere mit dem Zerfall des Staates und dem Krieg unterging: Ein repräsentativer Gegenstand, etwa eine Bonbonniere, ging von Hand zu Hand, wurde von Geburtstag zu Geburtstag und also auch von Arzt zu Arzt weitergeschenkt, bis das Haltbarkeitsdatum überschritten war. Eine Likörflasche hätte so, weitergereicht wie eine Stafette, noch einen kompletten Durchlauf der jugoslawischen Geschichte überstanden, ohne dass irgendjemand daraus getrunken hätte.

Bis zum Ende der Achtziger, als in allen größeren Städten Free Shops eröffnet wurden, in denen man auch mit Dinar bezahlen konnte, bekam Doktor Jergović nur ganz selten Whiskys geschenkt. Wer dafür Geld

hatte oder in der Lage war, ihn aus dem Ausland mitzu-
bringen (in unseren Supermärkten gab es ihn früher nur
mit zweifelhaften, hässlichen Etiketten, oder er war
abstoßend teuer), fand es wohl zu angeberisch und un-
delikat, Whisky zu schenken, noch dazu im Kontext
der Leukämie.

Die, die nicht so heikel waren, konnten sich Whisky
entweder nicht leisten oder hielten Stock für hochwer-
tiger.

Vielleicht gab es dem Getränk gegenüber auch ideologische Vorbehalte, denn öffentlich, in Presse, Radio
oder Fernsehen, trat er nur in zwei Kontexten in Erscheinung: Die Bösen in Western tranken ihn, und – das
ist viel interessanter – Whiskytrinken oder das Bewir-
ten von Mittätern mit Whisky war ein Allgemeinplatz
in den zugegeben seltenen Enthüllungsberichten über
Affären aus dem Bereich der sogenannten Wirtschafts-
kriminalität.

Whisky war im Volk noch in einem weiteren mythi-
schen Kontext bekannt: Genosse Tito empfing auf
Brioni Richard Burton, Elizabeth Taylor und Orson
Welles – wir beschränken uns auf die berühmtesten, läs-
sigsten Gäste – mit Whisky und kubanischen Zigarren.

Auf diesen Whisky waren wir allerdings stolz, wir
hatten keine Einwände gegen ihn, und als wir uns Ende
der Achtziger selbst anschickten, das imperialistische
Gesöff – das in der heimischen Presse zuvor vermutlich
allein von Bogdan Tirnanić verteidigt worden war – zu
trinken, taten wir es als Anhänger Titos, nicht aus Sym-

pathie für jene, die sich moralisch-politisch an der Whiskyfront ins Abseits gestellt hatten.

Das bestätigte sich noch Jahre später, als zuerst in regierungskritischen Belgrader Zeitungen und dann überall in der ehemaligen Heimat Fotografien von einem Zigarre rauchenden Slobodan Milošević erschienen und dazu negativ vermerkt wurde, Whisky sei sein Lieblingsgetränk.

Es war ein leider vergeblicher, verzweifelter Versuch, mit negativem Marketing einen Mann in Verruf zu bringen, der an die Spitze des Vielvölkerstaates Jugoslawien gelangt war, dessen Mythologie später in die Lexika der Jugo-Nostalgie einging und am Ende über eine Reihe pathetischer Aufsätze zu Allgemeinplätzen verkommen und damit dem endgültigen Vergessen anheimfallen wird.

Heute, in den letzten Zuckungen der jugoslawischen Ära oder den letzten Augenblicken der Erinnerung daran ist die Feststellung interessant, dass Milošević wie alle anderen Wegelagerer und imperialistischen Handlanger wegen des Whiskys verurteilt wurde und ihm nicht einmal seine Parteigänger das Recht zugestanden, sich mit Whisky zu betrinken.

Denn wie Nektar das Getränk der Götter ist, so war Whisky das Getränk des Genossen Tito.

Mein Vater trank allerdings nicht.

Manchmal besoff er sich mit seinen Freunden – es mochten zwei gewesen sein – in einer der mir seit jeher rätselhaften männlichen Selbstvernichtungsorgien.

Aber das passierte, soweit ich weiß, während meiner Kindheit nur ein oder zwei Mal.

Es war nicht leicht für ihn, all die Flaschen wieder loszuwerden.

In den Siebzigern, als er uns noch besuchte, schleppte er Tüten an, in denen die Spirituosen klirrten. Meine Nona verstaute sie in der Speisekammer hinter den für den Winter eingelegten Vorräten. Später drückte er mir, wenn ich ihn in der Hämatoonkologie besuchte, neben dem Taschengeld auch Plastiktüten voller Flaschen in die Hand.

So nahm ich ihm jahrelang die ungewöhnliche Sorge ab, den Alkohol zu entsorgen; in unserer Speisekammer sah es aus wie bei russischen Schmugglern, in der ganzen Wohnung standen Flaschen herum und verschlimmerten nur die Unordnung unserer Leben, meiner Mutter und meines, vor allem, nachdem Nona gestorben war und bei uns nicht mehr gekocht, gesaugt und Staub gewischt wurde.

Unser Sozialleben war nicht sonderlich von Konventionen geprägt, ich kann mich nicht erinnern, dass Mutter oder ich je den Alkohol des Vaters weiterverschenkt hätten.

Wer weiß, wie wir seine Flaschen dezimiert hätten, hätte es nicht Radovan Karadžić gegeben.

Aber so halfen sie uns, den Krieg zu überleben. Genauer gesagt, mir halfen sie.

In den sechzehn Kriegsmonaten, die ich in Sarajevo verbrachte, bevor ich nach Zagreb ging beziehungsweise – wie die Sarajlis feinfühlig sagen – abhaute, sind wir die meisten Getränke losgeworden.

Übrig blieben nur die Flaschen mit den zweifelhaftesten Flüssigkeiten, ein karamellfarbener Sliwowitz etwa aus slowenischer Herstellung, der den schönen Namen Grom (Donner) trug und, gut verkorkt, derart gefährlich wirkte, als würde auf der Stelle blind, wer sich ermannte und an ihm schnupperte. Wenn Freunde zu mir kamen, holte ich die Flasche, zeigte sie ihnen und sagte, ich würde den Liter Grom an dem Tag, an dem die Nato in Bosnien interveniere und Karadžić erledige, ganz allein saufen.

Jahre nach dem Krieg fragte ich Mutter, was sie mit dem Grom gemacht hätte, denn die Flasche stand nicht mehr in der Speisekammer, aber sie konnte sich nicht erinnern. Wahrscheinlich hat sie ihn verschenkt, denn sie hat der Krieg im Gegensatz zu mir nicht gelehrt, Besäufnisse zu genießen.

So trank ich teils und verschenkte andernteils diese ungewöhnliche Sammlung von Arztgeschenken, und das war irgendwie auch das Ende von Vaters Doktorkarriere.

Darin lag eine ungewöhnliche Logik, ja, fast eine poetische Folgerichtigkeit: Die Leukämie wirkte aus Kriegs- wie Vorkriegssicht wie die friedfertigste aller tödlichen Krankheiten. Blass und abwesend verwandelt sie im Volksglauben Blut in Wasser.

Leukämie ist eine urbane Krankheit, einem Bauern kann man sie kaum erklären, und wenn sie schon nicht der teuflische Fluch archaischer, epischer Feinde ist, muss sie zumindest aus der Stadt kommen. Und wie es halt so ist mit den Rätseln in unserer balkanischen Welt, die Leukämie – darüber waren Erzählungen im Umlauf, denen alle Tatsachen, die das Gegenteil bewiesen, nichts anhaben konnten – ist die Krankheit guter, fleißiger Kinder, der kleinen Engel, von Töchtern, die sich gerade an der Universität in Sarajevo eingeschrieben haben, von Vätern, die nie beim Arzt waren und Bärenkräfte hatten, und eines Tages lief ihnen das Blut aus der Nase …

Unvollkommene bekamen keine Leukämie.

Im Krieg hatte so eine Krankheit keinen Sinn.

Außerdem starb man in Sarajevo während des Kriegs nicht an Krankheiten. Von unseren Bekannten hatte ein Bildhauer einen Herzinfarkt, und ein Bibliothekar, ein ehemaliger Mönch, lief vor ein Auto. Alle anderen wurden ermordet.

Nach dem Krieg kehrte die Leukämie als Krankheit wie als Metapher schneller als gedacht zurück. Aber damit hatte Vater nichts mehr zu tun, er war in Rente.

XXII

Als junger Arzt, Mitte der Fünfziger, hatte er Honoraraufträge in Sokolac und Pale angenommen.

Die Jahre vergingen, Generationen lösten sich ab, er

kam fachlich wie auf der Karriereleiter voran, wurde Facharzt und spezialisierte sich weiter, war mehrmals mit Stipendien im Ausland, meistens im Polen der eisigen, stürmischen Gomułka-Zeit, die ihn so wenig wie Andrzej Wajdas Filme berührte, weil er sich in Warschau mit Genen und den kleinsten Bestandteilen des Menschen und der Menschheit beschäftigte; schließlich genoss er hohes Ansehen in den Gesellschaftskreisen der wachsenden bosnischen Hauptstadt, aber er besuchte weiterhin jeden zweiten Dienstag und Donnerstag nach seiner Arbeit im Krankenhaus und wenn nötig – es war fast immer nötig – auch am Wochenende in Pale, Sokolac und den umliegenden Dörfern Patienten, behandelte in Mokro, Vučija Luka, Knežina Menschen mit Herz-, Lungen-, Nieren- und einer Vielzahl anderer Erkrankungen aus der Stellenbeschreibung eines Allgemeinarztes oder den Romanen russischer Realisten.

Diese Episode von Vaters Leben verführt zur romantischen Verklärung einer schweren Zeit.

Dabei waren seine Ausflüge nach Pale und Sokolac, die exakt die Hälfte seines Lebens begleiteten, eher Ausdruck von Neurosen und innerer Schwäche als heroischer Arbeitseinsatz. Er konnte den Leuten nicht sagen, er höre demnächst auf.

Er fand nichts dabei, was die Mehrheit der Ärzte problematisch findet und wohl auch objektiv gesehen problematisch ist: Morgens heilte er Menschen von einer mathematisch komplizierten und komplexen hämatologischen Krankheit, nachmittags verschrieb er Diure-tika, damit dicke Beine abschwellen, und schaute in ver-eiterte Kinderhälse.

So hat er es gemacht, und ich erinnere mich an seine ungewöhnliche Art, wenn ich in der Zeitungsredaktion fröhlich die Artikel junger Journalisten redigiere, ob-wohl das nicht mein Job ist, keiner verlangt es von mir und keiner meiner Kollegen macht so etwas.

Ich bilde mir ein, wir hätten auch diesen Charakter-zug gemein.

Aber auch sonst hat mich der Romanija-Teil von Vaters Biografie emotional geprägt oder zumindest dazu gebracht, über Dinge nachzudenken, die sonst wohl an mir vorbeigegangen wären.

Eine Anekdote, die ich oft erzähle und in einigen In-terviews und Essays erwähnte, muss ich wohl irgend-wann einmal in einen fiktionalen Text einbauen: An einem Samstag im Herbst 1965 hatte Vater meine Mut-ter zu einem Patientenbesuch in Pale mitgenommen, und die beiden übernachteten in dem damals einzigen Hotel, dem Panorama, gebaut in der Habsburgerzeit.

In dieser Nacht wurde ich gezeugt.

Im April 1941 waren König Petar und General Kalafatović im Panorama abgestiegen. Wenig später unterschrieb der Monarch die Kapitulation, verließ sein geliebtes Land und ging ins Exil, das sich am Ende wie bei der Mehrzahl europäischer Monarchen als lebens-längliches Exil erwies.

Rund fünfzig Jahre später, im April 1992, war das

Hotel Karadžićs Regierungssitz. Im Panorama fielen die operativen Entscheidungen zur Belagerung Sarajevos, dem Ring aus Feuer und Blei, der – neben allem anderen Bösen – die Paradigmen unseres Lebens für immer austauschte und ihm einen anderen Lauf gab, so wie ein Baumstamm, der auf einen Felsen trifft, krumm weiterwächst, was er unter normalen Umständen nie tun würde.

Ohne Radovan wäre ich niemals nach Zagreb gezogen.

Und so wurde zwischen dem jungen König Petar Karađorđević und dem alten Radovan Karadžić die Metapher gezeugt, aus der ich hervorging.

Und dass das kein Witz ist und ganze Welten am Ende aus Metaphern entstehen und vergehen, weiß jeder, der das Alte Testament gelesen hat.

Milan Kundera schrieb, dass es unsere Zivilisation nicht gäbe, hätte nicht eine ansonsten völlig unwichtige Frau das Körbchen mit einem zum Tode verurteilten Kind aus den Wellen geborgen.

Dieses Kind wuchs zum biblischen Moses heran, und von dem ging auch das hier aus.

Gut möglich, dass dieses Ereignis nicht stattgefunden hat, wahrscheinlich sogar nicht, aber was wäre eine vergangene Wirklichkeit, wenn der gestrige Tag, letztes Jahr oder die Zeit vor ein paar tausend Jahren, die nicht in einem unbestritten historischen Dokument festgehalten ist (aber was heißt »festgehalten« in diesem Zusammenhang überhaupt, wie überprüft man es?), sondern der Erinnerung, Fantasie und Erzählung der Menschen überlassen wäre?

Selbst wenn sie bewiesen wäre und archäologische oder forensische Belege existierten, ist die vergangene Wirklichkeit doch nur Metapher. Die Vergangenheit ist Metapher und ebenso die Geschichte. Literatur organisiert eine Reihe von Metaphern und verwandelt Vergangenheit in neue Wirklichkeit.

Die Metapher ist, was es nicht gibt und trotzdem lebt, woraus die Geschichten entstehen, die im Zugabteil erzählt werden oder in einen Text einfließen. Metaphern sind gleichsam die Elementarteilchen, aus denen alles entsteht, eine Metapher wird das schwarze Loch sein, in dem alles verschwindet.

Ich könnte mich der Tatsache schämen, dass ich im Hotel Panorama gezeugt wurde. Es passt weder in das Wunschparadigma der Nation, der ich anheimfiel und als Heranwachsender die Ehre erwies, noch passt meine Weltanschauung zu dem unanständigen Umstand. Abgesehen davon handelt es sich um bloßen Zufall.

Einen schicksalhaften Zufall.

Hätte mein Vater an dem Samstag nicht angeben wollen, hätte er nicht das Hotelzimmer genommen, hätte meine Mutter sich nicht darauf eingelassen, wäre alles um ein paar Tage oder auch nur ein paar Stunden verschoben worden, wäre nicht ich geboren worden. Das Spermium, das die Eizelle befruchtete, wäre zu alt und müde gewesen, wäre nicht als Erstes bei der Eizelle gewesen, und an meiner Stelle säße jetzt ein anderer oder –

die Vorstellung finde ich schöner – eine andere. Ich hoffe, sie wäre gut in Mathe gewesen, eine berühmte Mikrobiologin, die in Toronto lebte, langsam diese Sprache vergäße und damit auch all ihre Bitterkeit ausspülen könnte.

Selbst wenn es der Zufall ist, der zu einer Metapher führt – die Tatsache, dass ich im Hotel Panorama gezeugt wurde, ist einer der wichtigeren meiner Lebensumstände.

Natürlich könnte ich es schamhaft für mich behalten.

Meine Mutter hätte mir es nicht verraten müssen, wo ich gezeugt wurde.

Vater hätte es mir sowieso nicht gesagt, so wenig wie alles andere, was seine Privatsphäre betraf. Mutter konnte ich fragen, und sie erzählte es mir unerwartet fröhlich und detailreich.

Da war ich zehn Jahre alt. Hätte sie es verheimlicht, wüsste ich nichts davon, hätte keinen Bezug zu König Petar und General Kalafatović und keine Metapher.

XXIII

Den größten Teil der gemeinsamen Zeit mit Vater verbrachte ich in Sokolac oder Pale.

Noch lange nach der Scheidung nahm er Mutter und mich mit, damit wir an die frische Luft kamen.

Nachdem er Mitte der Siebziger den Führerschein

gemacht und einen R4 gekauft hatte, waren wir zu zweit unterwegs.

Der Renault war grau, ich erinnere mich an das Kennzeichen: SA 827-96.

In den Achtzigern fuhr er einen Citroën Visa und am Schluss, ein paar Monate vor dem Krieg, einen Maruti. Das sind drei Autos in einem Leben.

Unterwegs hörte er Belcanto, Mario Lanza, Chopin und Mozart, ausschließlich Musik, die er nicht mochte, nach der er sich aber auf eine merkwürdige Weise sehnte.

So übertönten Klavierkonzerte den Motor seines R4. Und er klopfte mit einem naiven, erfundenen Kinderrhythmus aufs Lenkrad und tat so, als genieße er.

In den Jahren, bevor er den Führerschein hatte und sein erstes Auto kaufte, fuhr er mit dem Bus nach Pale und Sokolac.

Den Leuten war es unangenehm, dass der Doktor mit stinkenden, ächzenden, von Schülern und Arbeitern genutzten Bussen zu ihnen kam, die nach diesem und jenem rochen, vor allem nach schlecht verbranntem Treibstoff und den Absonderungen schwacher Mägen; manchmal schien der Auspuff wie in diesem schrecklichen Belgrader Mordfahrzeug aus dem Fernsehfilm von Sava Mrmak Richtung Fahrgastraum gedreht worden zu sein. Deswegen holten sie ihn oft mit einem Wagen der Gemeinde ab, aber das war ihm nicht recht, es sollte nicht heißen, er lasse sich auf Staatskosten herumkutschieren.

Er gab zu, man hätte ihm angeboten, den Führerschein über Beziehungen zu machen.

Das ließe sich regeln.

Der Doktor müsse sich um nichts kümmern.

Mutter erzählte es mit Verachtung; von seinen sozialen Fähigkeiten, Ambitionen und Frustrationen sprach sie immer mit Verachtung.

Letztlich weiß ich nicht, ob ihm die Paler Beziehungen den Führerschein ermöglicht haben, wie normale Leute hat er ihn auf jeden Fall nicht gemacht. In den Siebzigern und Achtzigern, bis zum Krieg, war es in Sarajevo im Vergleich zum übrigen Jugoslawien besonders schwierig, eine Fahrerlaubnis zu bekommen. Im Schnitt bestanden zwischen fünf und zwölf Prozent die Prüfung, es blühte ein Geschäft, das man mit modernem Vokabular als *public-private partnership* bezeichnen könnte: Die Fahrschullehrer – die wie die Taxifahrer im Sozialismus Kleinunternehmer waren – und die pensionierten Polizisten, die in den Prüfungskommissionen saßen, hatten beide ein Interesse daran, dass der Kandidat möglichst oft durchfiel. Die Fahrschullehrer wurden für weitere Fahrstunden, die Mitglieder der Prüfungskommission nach der Zahl der Prüflinge bezahlt.

So war niemandem daran gelegen, dass ein Führerscheinanwärter den Ausweis tatsächlich bekam und aus dem Prüfling ein Fahrer wurde.

Vater bestand beim ersten Mal, was ohne Beziehungen – und zwar exzellenten Beziehungen – undenkbar gewesen wäre.

Damals war er bereits Ende vierzig.

Er lernte Autofahren, weil es nicht anders ging. Aber wenn er mit dem Auto unterwegs war, freute er sich wie ein Kind darüber, über die Freiheit, die sich einem bietet, sobald man sich ans Steuer setzt und losfährt.

Früher hatte er sich nicht getraut.

Diese Art von Angst kenne ich aus eigener Erfahrung, ich weiß nicht, ob sie durch Gene oder das gesellschaftliche Umfeld vererbt wurde, aber ich habe Dinge auch lieber gelassen, wenn ich sie mir nicht zutraute, ich habe mich vieler schöner Dinge beraubt, vieles habe ich nicht in Betracht gezogen, weil ich dachte, ich lerne es sowieso nicht.

Vater hat nie schwimmen gelernt. Entweder traute er sich nicht, oder er hatte Angst, dass ihn einer beobachtet. Ich kann immerhin schwimmen.

XXIV

Er führte mich in Häuser, in denen jemand krank war.

Meist waren es Greise oder Greisinnen, die in dicken bäuerlichen Federbetten wie in einem weißen Meer lagen, er hörte ihnen Lunge und Herz ab, tastete die Leber ab und munterte sie ungefähr so auf wie ich letzten Donnerstag ihn.

Während ich sagte, er müsse jetzt wieder gesund

werden, verlegen, weil jemand zuhörte, fiel mir ein, wie er das – jetzt müssen Sie gesund werden – zu den alten Leuten aus der Romanija gesagt hatte, die zu ihm wie zu einem Gott aufschauten. Bestimmt erinnerte er sich auch daran und wusste, was die Worte bedeuteten.

Wir redeten bei unserem letzten Telefongespräch, dem letzten persönlichen Kontakt, wie verzweifelte Atheisten. Vater hatte keinen Doktor, zu dem er wie zu einem Gott aufschauen konnte, für ihn konnte es keinen solchen Doktor geben.

In Mokro oder Vučija Luka, wo kaum ein Haus verputzt war oder Geländer an Außentreppen und Balkonen hatte, lebten überwiegend Serben. Damals war das nicht wichtig, später schon. Und noch eine zugegeben ziemlich blutige Metapher: Granaten, Mörsergeschosse und Raketen sollten aus den Orten fliegen, in die er dienstags, donnerstags und sehr oft auch am Wochenende als Arzt gefahren war. Schmerzlich häufig wurden sie von seinen Patienten, deren Kindern und Enkelkindern gezündet.

Auch der Sprengkörper, der in seinem Wohnzimmer explodierte, könnte von einem seiner Patienten stammen.

Was dank der abgestandenen pathetischen Aufladung in Medien, Politik und Epik zum Bestandteil der nationalistischen Rhetorik wurde – dass uns die einstigen Nachbarn beschossen, gute Bekannte, die wir bewirtet, verteidigt und unterstützt hatten, während wir

uns mit bloßen Händen in unseren Wohnungen verstecken mussten –, ist meinem Vater tatsächlich passiert.

Das Unglück war ein doppeltes: Patienten, denen er
sein halbes Leben gewidmet hat, versuchten ihn umzu-
bringen, und Radio, Fernsehen und Zeitungen schufen
eine Rhetorik, die seine Geschichte unmöglich macht,
denn sie ist als Propagandalosung allen passiert. Und
da, was allen passiert, in Wirklichkeit keinem passiert,
wurde er dann doch nicht von denen getötet, die er behandelte.

XXV

Aus der Romanija erinnere ich mich an einige
schreckliche, völlig unerklärliche Anblicke.

Den Folgenden will ich so vergegenwärtigen, wie ich
ihn damals erlebt habe.

Es war Samstag, Vater hatte mich mitgenommen, es
war noch bevor er seinen Führerschein gemacht hatte.
Wir fuhren in ein Dorf bei Sokolac, den Namen habe
ich vergessen, zu einem jüngeren Mann mit einem tödlichen Herzleiden. Die Angehörigen erzählten – das hat
sich mir eingeprägt –, dass am Wochenende davor erst
seine Fußgelenke und schließlich die Unterschenkel bis
fast zu den Knien angeschwollen waren und die Wasser-
einlagerungen bald das Herz erreicht haben würden.

Vater nickte und runzelte die Stirn, eine ältere Frau, die im Rettungswagen mit nach Sarajevo gefahren war, weinte laut, sobald ihr Mann dieses Wasser erwähnte, und ich merkte mir, dass Menschen sterben, wenn ihr Herz schmilzt.

Noch heute habe ich das Bild vor Augen, wenn mir jemand erzählt, einer habe es am Herzen.

Statt mich mit ins Haus zu nehmen, ließ mich Vater draußen.

Vielleicht ist so etwas noch einmal passiert, vielleicht keinmal.

Es war Sommer, August, eine weite, üppige Wiese, auf der ein paar Männer mit Äxten, Sägen und Hämmern eine Holzkonstruktion zimmerten, deren Sinn ich nicht verstand.

Ich setzte mich auf einen Baumstumpf und beobachtete sie. Sie lachten und riefen mir etwas zu. Sie waren unrasiert und zahnlos wie die meisten älteren Leute in der Romanija damals, auf mich wirkten alle Zahnlosen böse und gefährlich.

Bald kamen weitere, diesmal jüngere Männer dazu, Autos wurden abgestellt, eine komische Stimmung lag in der Luft. Aufgeregt redeten sie miteinander, aus einem Transistorradio dröhnte die erste Fußballübertragung des Nachmittags.

Vier der Männer, nackt bis zur Hüfte, zogen ein mit Ketten gefesseltes Tier herbei.

Das gab Töne von sich, wie ich sie bis dahin – ich war vielleicht fünf Jahre alt – nicht gehört hatte. Hinter ihnen ging ein Mann im weißen Arztkittel mit einer großen Ledertasche.

Das Tier wurde zu der Holzkonstruktion gezogen, auf den Rücken gedreht und mit Ketten festgebunden. Auf Eins, zwei, drei spreizten die vier die Hinterbeine des Tieres und banden sie an die Holzlatte.

Der Mann im weißen Kittel öffnete die Tasche und holte ein metallenes Gerät heraus, ähnlich denen in Vaters Sprechzimmer, nur viel größer, damit packte er die großen Hoden des Tieres, das Geschöpf brüllte durchdringend, und dann griff der Mann zu einem großen Holzhammer und schlug damit zu.

Einmal.

Zwei Mal.

Ein drittes Mal.

Jedes Mal krampfte das Tier so zusammen, dass die ganze Holzkonstruktion wackelte. Die Männer versuchten sie zu stützen, wurden aber mit durchgeschüttelt.

Die Schreie des Jungstiers, jetzt ein Ochse, sind in meiner Erinnerung unvergleichlich. Entweder habe ich nie ein Lebewesen so schrecklich schreien gehört, oder die Erinnerung hindert mich daran, etwas Schrecklicheres zu hören.

Ich saß auf meinem Holzklotz, guckte und verstand nicht, was vorging.

Die Männer lachten wieder, das Tier brüllte mit stumpfer, gleichmäßiger, abwesender Tonlage, es war vorbei.

Vater blieb lange weg.

Als er herauskam, wusste ich, dass der junge Mann gestorben war. Aus dem Haus drangen die spitzen Schreie einer Frau, aber viel schwächer und weniger eindrucksvoll als die des Ochsen.

Ich stellte keine Fragen, ich erzählte nicht, was ich gesehen hatte. Ich habe es niemandem erzählt.

XXVI

Der zweite unangenehme Vorfall hing mit Nona zusammen.

Meine Oma, zu der ich Nona sagte, die Mutter meiner Mutter, Olga Rejc, geborene Stubler, war extrem heikel, was Essen und Trinken betraf. Sie hatte Angst, sie oder einer der Ihren und insbesondere ich, den sie mehr liebte als ihre beiden lebenden Kinder, könnten sich durch verdorbene Nahrungsmittel oder ungespülte Gläser eine schwere, unheilbare Krankheit zuziehen.

Bei anderen Sachen war sie nicht so reinlich, aber mit dem Magen war sie sehr vorsichtig.

Nona war seit einigen hässlichen Lebensphasen Atheistin und seit jeher antinationalistisch. Das würde ich nicht erwähnen, wäre ihr nicht etwas passiert, für das sie sich sofort auf die Zunge biss und das sie später, letztlich vergeblich, hunderte Male zu erklären versuchte: Ich war neun Jahre alt, Vater hatte kurz zuvor den Führerschein gemacht und den Renault gekauft und wollte mich auf eine seiner Hausbesuchstouren in der Romanija mitnehmen.

Sie, die ihm so manches nicht verzieh und seinen schwachen Charakter nur schwer ertrug, sagte, bevor sie mich übergab, streng zu ihm:

Pass auf, dass er beim Serben nichts isst!

Er sah sie erschrocken an, meine stets auf Krawall gebürstete Mutter rief: Mama, was redest du da vor dem Kind!, Vater schnappte mich und zerrte mich nach draußen, während er meine Aufmerksamkeit wie bei einem debilen Dreijährigen ablenken wollte, auf dass ich den wunderlichen Ausfall vergäße.

Natürlich habe ich ihn nicht vergessen, er hat sich mir als weiteres, vielleicht nicht so wichtiges, aber nach all den Jahren immer noch kenntliches Identitätsmerkmal eingeprägt.

Und natürlich habe ich wieder nicht nachgefragt.

Kurze Zeit später, wohl in der Annahme, ich würde den Bezug nicht herstellen, fing Nona beim Fernsehen an zu erzählen, dass die Muslime, und wenn sie noch so arm sind, sehr auf Sauberkeit und Ordnung achten, weil ihnen ihre Religion auferlegt, sich oft zu waschen und in der Nähe von Wasser aufzuhalten. Deswegen könne man, erklärte sie mir, der ich nichts gefragt hatte, beim Muslim vom Boden essen. Serben und Kroaten lehre ihre Religion hingegen keine Hygiene, deswegen seien die nicht sauber und man dürfe bei ihnen nichts essen, es sei denn, man kenne sie sehr genau. Dann zählte sie einige aus unserer Arbeiterverwandtschaft auf, bei denen sie noch nicht mal einen Kaffee trinken, geschweige denn etwas verzehren würde.

So rechtfertigte sie sich für eine bizarre, nach heutiger Sprachregelung politisch unkorrekte Äußerung, mit der sie meine bis dahin ideologisch wie in jeder anderen Hinsicht unschuldige Seele hätte vergiftet haben können.

Vater nahm, um die Scharte auszuwetzen, an dem Tag jede Einladung an, ermunterte mich sowohl in serbischen wie in muslimischen Häusern zu essen und zu trinken; ich sollte lernen, dass alle Menschen gleich und gleichermaßen reinlich sind.

Keine Ahnung, ob man Kinder in den Ländern des auseinandergebrochenen Jugoslawien oder im weiteren Umkreis heute noch so erzieht. Trotz unterschiedlicher Herkunft, ideologischer Standpunkte und Lebenserfahrungen waren meine geschiedenen Eltern, aber auch meine Nona überzeugt, Kinder sollten vor allem lernen, dass kein Mensch mehr wert oder klüger oder besser ist, nur weil er der einen oder anderen Nation angehört. Ansonsten kam es ihnen, glaube ich, nur noch darauf an, dass ich nicht anfing zu klauen, alles andere hätten sie mir durchgehen lassen.

Waren sie von dem schönen kommunistischen Glauben infiziert oder fürchteten sie sich aus anderen Gründen davor, andere zu verachten? Wahrscheinlich Letzteres.

XXVII

Es gab einen Mentalitätsunterschied zwischen den Muslimen und den Serben in der Romanija.

Abgesehen davon, dass Muslime in der Minderheit waren – als Kind fiel mir nicht auf, dass es bei ihnen sauberer gewesen wäre –, zeigten sie ihre Dankbarkeit gegenüber dem Doktor stiller und innerhalb der eigenen vier Wände.

Dabei muss man wissen, dass damals praktisch alle Menschenansammlungen, in denen Vater bekannt war, durchmischt waren, ob in Cafés, Ärztehäusern, Bussen oder an Haltestellen. Zudem benahmen sich manche Muslime wie die Serben und einige Serben wie Muslime. Das ist in einer gemischten Umgebung einfach so, beziehungsweise es war so, denn heute gibt es in Bosnien praktisch keine gemischten Gebiete mehr, man weiß immer genau, wer die Mehrheit, wer die Minderheit bildet. Gemischt sind nur Gebiete, in der sich keine Gruppe als nationale Minderheit empfindet. Einwohnerzahlen und Statistiken sind dabei nicht so entscheidend.

Deswegen ist es unangenehm und man hat immer das Gefühl, sich rechtfertigen zu müssen, wenn man erzählt, die einen seien so, die anderen so gewesen; trotzdem steckt darin bei aller Nähe zu Vorurteilen und Stereotypen ein Körnchen Wahrheit. Und selbst wenn nicht, enthielte es etwas nicht minder Wichtiges: allgemein verbreitete Ansichten.

Es gab allgemein verbreitete Ansichten, wie sich die Muslime und die Serben aus der Romanija benehmen.

Ob die nun falsch oder richtig waren, man lebte danach.

Die Serben machten Aufhebens um ihre Dankbarkeit. Sie bewirteten den Doktor bei sich zu Hause, ja, aber sie wollten unbedingt auch etwas tun, was alle sehen und weitererzählen konnten. Ihr Retter und Heiler sollte im Rampenlicht stehen, im Städtchen bekannt sein wie ein bunter Hund. Sie nannten ihn kum, Patenonkel, und wollten sich mit ihm verbrüdern.

Vater hat das wahrscheinlich gefallen.

Wenn alle dich bewundern, machst du dir mit der Zeit weniger Sorgen.

Pale und Sokolac, die Romanija und das daran angrenzende Gebiet hatten während des Zweiten Weltkriegs eine interessante Geschichte. Nicht nur, dass der junge König in den letzten Tagen seiner Herrschaft dort weilte und der Kommunist Slaviša Vajner aus Rijeka zu Beginn des Aufstands einiges vom Outfit der Tschetniks übernahm, um die Bevölkerung auf seine Seite zu ziehen, sich also eine Šubara auf den Kopf setzte, einen langen schwarzen Bart wachsen und Čiča nennen ließ, nur um dann, wie es im kryptischen sozialistischen Jargon hieß, unter ungeklärten Umständen umzukommen, ist die Romanija auch unter dem – ebenfalls kryptischen – Stichwort »Krise der Volksbefreiungsbewegung« bekannt, zu dem in der offiziellen Geschichtsschreibung jener Zeit praktisch kein Eintrag vorhanden war, ein paar leere, unbeschriebene Blätter, aber im Grunde verstand sich alles von selbst.

Denn nach Čičas Beseitigung, ob nun von den Einheimischen oder von Fremden, wechselten die Romanijer reihenweise die Abzeichen an ihren Šubaras, Šajkas und Titovkas, sie trennten die fünfzackigen Sterne ab und nähten Kokarden an die Mütze, und davon erzählt ein weiterer ironischer Schnörkel der Geschichte – der letzte bosnisch-herzegowinische Film, der vor dem Krieg noch gedreht werden konnte, *Gluvi Barut* (*Taubes Schießpulver*, 1990, Regie Bata Čengić), behandelt die Episode nach Ćopićs düsterer Romanvorlage mit viel Verständnis und Einfühlungsvermögen.

Bis kurz vor Kriegsende blieben sie Tschetniks und wechselten dann erneut völlig schmerzfrei die Seiten.

Die kommunistische Regierung verschonte die Romanija von der pädagogischen Vendetta, mit der sie so manche andere Gegend überzog, in der Ustaschas, Tschetniks oder die Besatzungsmächte viele Unterstützer hatten.

Und kein staatlicher Feiertag, an dem der Schulchor nicht »Tito zieht über die Romanija und führt seine Divisionen auch …« gesungen hätte. Wenn »auch« Tito die Divisionen führte – dachte ich, der ich keinen Schimmer von Versmaßen hatte und Marko Vešovićs geniale Erklärung noch nicht kannte, Zehnsilbenverse würden erst durch fette Lügen singbar –, muss sie noch einer geführt haben. Manchmal steckt in solchen Lügen eine verbotene Wahrheit. So war das mit den Divisionen.

1969 oder 1970 hatten sie Vater ins Panorama eingeladen, und als alle schwer betrunken waren, fiel der Vorschlag, meinen Vater zum Wojwoden auszurufen.

Damals machte er sich weiter keine Gedanken, welche Ehre ihm da angeboten wurde.

Bewusst oder unbewusst vergaß er den Vorfall sofort und erinnerte sich erst zwanzig Jahre später wieder daran.

Kann sein, dass ihm die Erinnerung ein Schnippchen schlug, falsche Erinnerungen waren kurz vor dem Krieg Mode, fast jeder kramte vergessene Situationen aus dem Gedächtnis, in denen gute Nachbarn, Freunde oder Kumpel ihr sogenanntes wahres Gesicht gezeigt hätten, aber weder neigte Vater zu solchen Sachen noch hatte seine Geschichte diesen Unterton.

Er erzählte sie mit stiller Erheiterung, als hätten ihn die Paler damals beim Kartenspielen beschummelt und das fiele ihm jetzt erst auf.

Sie vertrauten ihrem tollen Doktor vor lauter Begeisterung im Suff ein Geheimnis an, und er kapierte es nicht und lächelte freundlich wie Peter Sellers in *Willkommen Mr. Chance*. (Als Kind fand ich meinen Vater hässlich, bis ich Peter Sellers sah. Andere sehen die Ähnlichkeit nicht, aber mich erinnert der Mann bis heute an meinen Vater.)

Dabei hätte er, damals wenigstens und in Gestalt eines

Gesellschaftsspiels, Tschetniks kommandieren können. Hätte mal ausprobieren können, wie sich das anfühlt.

Am Ende waren die Paler gar nicht so undankbar.

Für die meisten Sarajlis war der Ausbruch des Kriegs ein Trauma, das zu einem Gründungsmythos gerann, zu einer identitätsstiftenden Erzählung, die die Bewohner der Stadt bis heute charakterisiert.

Ein guter Freund, Nachbar, Kumpel, in besonders attraktiven Fällen ein leiblicher Verwandter, der Bruder der Tante oder wenigstens ein Schwager oder Schwiegersohn war Serbe, einer, den man mochte, dem man seinerseits etwas bedeutete, eine Seele von Mensch, tugendhaft und sportlich, der regelmäßig Blut spendete, in jeder Hinsicht edel und gut war, nur leider eines Tages Ende März oder Anfang April 1992 ohne ein Wort des Abschieds aus seiner Wohnung, seinem Wohnblock, seinem Viertel, der Stammkneipe verschwand ...

Der nächste Passus in diesem Mythos soll Großherzigkeit und Toleranz des Erzählers illustrieren: Kein Problem, dass dieser Freund nach Pale ging, soll er doch, wenn er so dumm ist; auch nicht weiter schlimm, dass er inzwischen die rechte Hand von Karadžić ist, jeder kann aus seinem Leben machen, was er will; aber wie konnte er weggehen, ohne seinem besten Freund (Kumpel, Anverwandten ...) Bescheid zu sagen? Ohne ihn zu warnen?

Selbst das würde ihm unser Sarajli noch verzeihen, hätte er wenigstens gesagt: Mann, bring die Kinder raus, es gibt Ärger!

Und so richten die einen Sarajlis über die anderen Sarajlis und versichern sich fortwährend anhand der Schuld der anderen der eigenen moralischen und menschlichen Überlegenheit.

So verkam eine ernste Angelegenheit, ein realer Riss in der Seele vieler Menschen, die enge Freunde und Verwandte wortlos verlassen und anschließend zumindest der Möglichkeit nach beschossen hatten, zu einem widerlich pathetischen Strickmuster; die private Tragik hinter dem Zerfall des multinationalen und multikulturellen Sarajevo, der binnen zwanzig Jahren abgeschlossen war, wurde total ins Lächerliche gezogen.

Das Vorkriegs-Sarajevo wurde von den Sarajlis endgültig beerdigt, die den anderen Sarajlis nicht verzeihen konnten, dass sie sich gegen die Menschlichkeit und für die Nation entschieden hatten. Ja, es stimmt: Sie würden Nachbarn mit der falschen Nationalität niemals wortlos verlassen und abhauen. Sie stempeln sie durch Verhalten und Haltung als Bürger zweiter Klasse ab.

Mal abgesehen davon, dass Vater weder zu öffentlichen Beichtritualen noch zu moralischer Selbstbeweihräucherung neigte, hat seine Geschichte die entgegengesetzte Pointe.

Im März 1992 bekam er einen Anruf aus Pale: Geh weg, sagte der Anrufer. Das war ihre Art, sich dankbar zu zeigen. Ein ungewöhnliches Angebot: Vertreibe dich selbst, bevor wir dich vertreiben und womöglich umbringen.

XXVIII

Ich glaube nicht, dass er aus Prinzip in Sarajevo blieb. Bei Kriegsausbruch war er dreiundsechzig, stand kurz vor der Pensionierung, und alles, sein ganzes Leben, war mit Sarajevo verbunden. In seinem Alter hätte er nicht anderswo von vorn anfangen können. Er blieb, weil er nicht wusste wohin.

In *Die unerträgliche Leichtigkeit des Seins* schreibt Kundera: »Wer in der Fremde lebt, schreitet in einem leeren Raum hoch über dem Boden, ohne das Rettungsnetz, das einem das eigene Land bietet, in dem man Familie, Kollegen und Freunde hat und sich mühelos in der Sprache verständigen kann, die man von Kindheit an kennt.«

Dieses Risiko konnte er nicht tragen, unter anderem auch deswegen, weil damals sein Sterben begann.

Bald danach hörte er auf zu arbeiten, er hörte auf zu sein, was in seinem Leben und seiner Identität als Einziges positiv konnotiert war: Doktor sein, Menschen heilen. Das, was ihn negativ charakterisierte und ihn bedrückte, hatte er inzwischen abgeschüttelt: Ich stellte ihm keine Fragen mehr, er musste mich nicht mehr widerwillig in seine Arme schließen, seine Mutter war lange tot; wer oder was auch immer ihn erpressen, ängstigen oder beunruhigen konnte, war vom Erdboden verschwunden.

Sein Leid glich endlich dem Leid der anderen, die mit

ihm den Krieg erlebten. Die Partei existierte nicht mehr, und keinen interessierte, dass er aus einer Ustascha-Familie kam. Dank meiner sollte ihn alsbald eine neuerliche Stigmatisierung einholen. Doch mit der kam er gut zurecht.

Wäre er gegangen, hätte er sich nur exponiert.

XXIX

Wegen mir wurde ein völlig absurdes Gerücht über ihn verbreitet: das Gerücht, er sei Serbe.

Bis zum Krieg hatte er sich als Ustascha-Sprössling durchschlagen müssen, kurz vor Kriegsende wurde er Serbe. Es war in beiden Fällen die denkbar unangenehmste soziale Position, die Sarajevo zu bieten hatte.

Nur dass er sich im ersten Fall mit dem Eintritt in die Partei helfen konnte und in bestimmten gesellschaftlichen Bereichen Zurückhaltung angeraten war (grob gesagt empfahl es sich nicht, mit noch so harmlosen Verstößen gegen Recht und Ordnung den geringfügigsten Verdacht zu wecken), während ihm gegen das fatale Gerücht, Serbe zu sein, die Hände gebunden waren.

Warum sollte man darauf bestehen, kein Serbe zu sein? Und wie?

Weil die Serben Kriegsverbrechen begingen und das Wort Serbe zum Schimpfwort verkommen war.

Und wie soll man sich gegen die Behauptung wehren, man sei Serbe?

Sagst du, du bist keiner, kriegst du Gewissensbisse, weil du den eigenen Grundsatz verrätst, alle Menschen und alle Völker seien im Prinzip gleich gut und böse.

Sagst du nichts, wirst du ein bisschen zum Serben und musst mit dieser Rolle, mit dieser Identität leben lernen.

Aber wozu, wenn Serbe sein weder besser noch schlechter ist, als Kroate zu sein?

Aber auch ohne diesen Syllogismus und selbst wenn es in diesem Sarajevo nur die einen und nicht auch die anderen Serben gegeben hätte, wenn alle Serben ausnahmslos auf Sarajevo geschossen hätten, selbst dann hätte sich mein Vater geschämt, auf seine kroatische Herkunft zu pochen.

Mal abgesehen davon, dass man ihm dann hätte unterstellen können, er hätte etwas gegen Serben und sei im Krieg nationalistisch geworden, er hätte einen Teil seiner echten Identität verloren. Ein Mann ist Kroate nur insofern, als er es nicht beweisen muss – und schon gar nicht deshalb, damit er nicht als Serbe gilt –, denn jeder, von dem ein solcher Beweis verlangt wird, ist im Grunde ein Jude. Nur dass die anderen Juden nichts damit zu tun haben und nichts von seinem Judentum wissen.

Natürlich wusste jeder oder fast jeder, der auf die eine oder andere Art die Nationalität meines Vaters öffentlich thematisierte, dass er Kroate war.

Aber mit diesem Akt konnten sie ihre Verachtung

gegenüber seinem Sohn zeigen und diesem Sohn womöglich über den Vater die symbolische Aberkennung der einzigen Identität androhen, die bei uns als menschliche Identität gewertet wird, und so erklärten sie Vater einfach unverschuldet in mehreren Anläufen zum Serben.

Das ist eine der seltenen Gelegenheiten, bei denen ich auf meinen Alten stolz bin: In der Situation war er ein guter Serbe.

Interessant ist, aus welcher Ecke die Verleumdung kam: aus der kurz zuvor eröffneten Botschaft der Republik Kroatien in Sarajevo.

Ein paar kompakte, kahlgeschorene Jungs in Diplomatenanzügen verbreiteten sie im Imperial, dem ersten im Krieg hergerichteten Kaffeehaus; wochenlang erzählten sie mit sanfter Stimme, aber sehr laut, jedem, der es hören wollte, die Geschichte vom Doktor Jergović, ein wunderbarer Mensch, ein Serbe, der in der Stadt geblieben ist, im Gegensatz zu seinem Versager von Sohn, diesem Tschetnik, der sich ausgerechnet nach Kroatien und noch dazu nach Zagreb abgesetzt hat, wo er von dem Juden Soros finanziert wird.

Natürlich verwiesen sie auf ihre Quellen und Erkenntnisse, wenn einer Einwände äußerte, faszinierten die Anwesenden mit frei erfundenen Geheimdienstinformationen und übernahmen die Rechnung für jeden, der ihnen zuhörte.

Zehn Jahre nach dem Krieg, als die Bosniaken ihren nationalistischen Amoklauf nachholten, der sich von dem serbischen und kroatischen nur durch Art und Menge der Waffen und Zeitpunkt des Auftretens unterschied, wurden mein Vater und ich in neuerlichen, diesmal muslimischen Interpretationen zu Serben.

Doch während die Zuständigen in der kroatischen Botschaft schlicht mit Lügen und Erfindungen arbeiteten, also mit gegenaufklärerischen Mitteln nach Art der Neo-Ustascha à la Šušak und Tuđman, beriefen sich die Muslime auf die Tatsache, dass mein Vater in Pale und Sokolac gearbeitet hatte.

Sie stellten es so dar, als wolle er das vertuschen, und rühmten sich – um mir zu schaden –, die Sache aufgedeckt zu haben.

Wer über lange Zeiträume Serben und den einen oder anderen Bosniaken, der zufällig auch in der Gegend wohnte, behandelt, der muss Serbe sein. Das war ihnen Beweis genug.

XXX

Anfang der Siebziger kaufte er ein Stück Land am Trebević und setzte ein Wochenendhäuschen darauf.

Der Ort heißt Mala Ćelina, heute liegt er in der Republika Srpska.

Wir fuhren oft alle zusammen hin, Mama, Papa und Nona.

Auf Außenstehende hätten wir wie eine glückliche, harmonische sozialistische Familie gewirkt. Wir schleppten Taschen voller Essen und Trinken, karierte Decken, die wir auf der Wiese ausbreiteten, und alles andere, was damals zu einem Ausflug gehörte.

Ich erinnere mich an den ganzen neumodischen Mist, der die Requisiten oder das Bühnenbild ergänzte und uns an Filme erinnerte.

So tauchten eines Tages in den Geschäften Rollen mit Alufolie auf. Im ersten Moment wussten wir nichts damit anzufangen, erst nachdem wir mal ausflugsfertig darin eingewickelte Hühnerbeine gesehen hatten, fiel uns ein amerikanischer Streifen ein, aus dem wir das bereits kannten. Es genügt nicht, das Rad zu erfinden, man muss auch begreifen, dass es sich dreht.

Oder Eurocrem!

Wahrscheinlich im selben Jahr, in dem Vater Land kaufte und Arbeiter bezahlte, damit sie das Häuschen draufstellten – es mit eigenen Händen zu bauen lag ihm fern –, kaufte die in Gornji Milanovac ansässige Takovo von einer italienischen Firma die Lizenz und begann im großen Stil mit der Produktion von Eurocrem, die am Ende im kollektiven Erleben und der Gefühlswelt von Generationen von Kindern zum Synonym jedes Schokoaufstrichs werden sollte.

Bis dahin gab es Schokolade in Jugoslawien nur in Tafelform, flüssig oder streichfähig kannten wir sie nur aus ausländischen Filmen oder Märchen (ich erinnere mich, dass mich als Vierjährigen der Ausdruck »ein

Fluss aus Schokolade« aus einem, glaube ich, skandinavischen Märchen bezauberte, das mir Nona vorlas).

Doch es gibt einen Mythos, der uns lebenslänglich abschrecken sollte und den wir nicht einmal dann glauben würden, wenn wir geschluckt hätten, dass Rauchen tatsächlich Lungenkrebs verursacht. Der Mythos besagt: Wer Schokolade isst, kriegt Karies.

Mit Artikeln voll zahnärztlicher Empfehlungen, veröffentlicht in Frauenzeitschriften wie *Praktična žena*, *Svijet* oder *Nada*, verboten Anfang der Siebziger Hunderttausende jugoslawischer Mütter ihren Kindern Schokolade.

Und dann kam wie ein Weltwunder eine Schokolade in die Supermärkte, die nicht abgebissen wird und folglich auch nicht die Zähne schädigen kann. Unserer Meinung nach waren damit die Mahnungen der Zahnmediziner gegenstandslos. Mütter hatten dieser Logik wenig entgegenzusetzen, vor allem wenn sie sich mit der spezifisch kindlichen Streitlust paarte: Zähne können nicht von etwas kaputtgehen, das man nur hinunterschluckt!

Natürlich fanden sich andere Gründe, um die streichfähige Schokolade zu disqualifizieren, von denen die beiden wichtigsten für die sozialistische Ära einschließlich ihrer Begleitfantasien typisch sind.

Punkt eins: Eurocrem ist teuer, das können wir uns nicht leisten, ein Kind muss den sparsamen Umgang mit materiellen Mitteln früh lernen, man kann eben nicht alles haben.

Und Punkt zwei: Eurocrem ist ungesund, denn alles,

was nicht bei uns beziehungsweise bei Verwandten auf dem Land wächst oder hergestellt wird, ist ungesund, von Bananen bis zum Whisky.

Auf jeden Fall gab es in den besseren Häusern entweder nur zu besonderen Gelegenheiten Eurocrem, etwa wenn man krank war, Keuchhusten, Mumps, Röteln und sowieso keine Lust auf Essen hatte und sich nicht so recht darüber freuen konnte.

Oder in regelmäßigen zeitlichen Abständen, etwa einmal wöchentlich, beispielsweise freitags.

Oder natürlich wenn man einen Ausflug machte, in unserem Fall auf den Trebević, worauf sich die Erwachsenen sehr freuten.

Damit ich mich auch auf etwas freuen konnte, also um mich für den Ausflug Richtung Mala Ćelina zu motivieren, wurde ein Becher – nicht der kleinste, sondern der nächstgrößere – Eurocrem gekauft.

Noch in Sarajevo naschte ich daran, und dann wurde mir in den Serpentinen hoch zum Trebević schlecht.

Na ja, wenn ich jetzt schon bei Eurocrem bin, sollte ich auch den interessanten Psychotest erwähnen, den dieses Produkt in unser Leben brachte.

Die Creme war in eine weiße und eine braune Hälfte unterteilt. Die weiße soll laut Reklame aus Haselnüssen bestehen. Wahrscheinlich mochten alle jugoslawischen Kinder lieber die braune als die weiße Creme, und so entstand die Frage, wer mit welcher Hälfte anfing, vor allem da wir wussten, dass die nächste Eurocrem lange auf sich warten ließ.

Die einen stürzten sich begeistert auf die braune Seite und aßen dann – was will man machen? – mit dem Gleichmut zu früh erwachsen gewordener Kinder die weiße. Andere mischten das Braune und das Weiße, rührten alles mit dem Löffel durch, bis eine neue Creme herauskam, nicht ganz so lecker wie die braune, aber mit mehr Geschmack als die weiße.

Ich verschlang möglichst schnell die weiße Creme und schleckte dann genüsslich in aller Ruhe die braune. Damit ich so lange wie möglich, möglichst ein Leben lang, was davon hatte.

Die dritte wichtige Erfindung des Sozialismus, die zu der Zeit auf den Markt kam, als Vater das Wochenend-häuschen bauen ließ, war der Kassettenrekorder mit Radioteil.

Bis dahin hatten nur kleine japanische Transistorra-dios und etwas größere Apparate Batterien; die Vorstel-lung, beim Ausflug Musik zu hören, die nicht aus dem Radio kam, war revolutionär. Als würde man Grammo-fon und Schallplatten auf die Wiese schleppen und an-schließen, konnte man das hören, was man zu Hause auch hörte.

Der Kassettenrekorder mit Radioteil war ein Vor-bote der Zeit nach dem Zerfall Jugoslawiens, als Vater bereits sehr alt war und ihn das Leben im Grunde nichts mehr anging: ein Schritt hin zu einer Welt, in der man draußen auf der Wiese nicht nur seine eigene Musik hören, sondern telefonieren und mit dem Telefon fern-sehen oder Kinofilme schauen konnte. Eine Welt, in der man unterwegs alles hat wie zu Hause auch, nur dass es nichts Besonderes mehr ist. Jedenfalls nichts so Besonderes wie die Kassettenrekorder für uns damals.

Problematisch waren allerdings die unsolide Fertigung und der Zustand unserer Energiepotenziale, ganz im Trend der sozialistischen Länder, die, allen voran die Sowjetunion, bei den technischen Errungenschaften hinterherhinkten, vor allem im Bereich Elektronik.

Die Geräte kamen aus Japan oder Deutschland, nur die Batterien, meistens der Marke Croatia oder Tesla, waren von uns. Es gab keine importierten Batterien von Varta zu kaufen.

Die Kassettenrekorder der ersten Generation wurden von dicken, runden Batterien (mit wie viel Volt, wer weiß das noch?) betrieben. Jede Menge Energie, könnte man meinen.

Aber schon nach einer halben Stunde fingen die Kassetten an zu leiern, Sopran wurde zu Tenor, Tenor zu Bass, Ljupka Dimitrovska sang wie Leo Martin, und es begann eine mehrstündige Quälerei, von der weder die Kinder noch die Erwachsenen lassen mochten, weil das Kassettenrekorderwunder größeren Eindruck machte als die rasche, nervige klangliche Verschlechterung.

Aus unerfindlichen Gründen waren die schon nach einer halben Stunde zu schwachen Batterien doch stark genug, um das Geleier über Stunden durchzuhalten.

Glücklich, wer aus Triest richtige deutsche Batterien mitgebracht bekam.

Es gibt kaum noch Kassetten und praktisch keinen nach einem mechanischen Prinzip funktionierenden Tonträger, aber man hat diesen Klang noch im Ohr und das eigentümliche Gefühl, Fernseher, CD- oder MP3-Player würden leiern, obwohl das technisch unmöglich ist. Wahrscheinlich leiern die Geister der Vergangenheit.

Ich erinnere mich gut an Vaters Kassettenrekorder am Trebević, den ich vor über dreißig Jahren zum letzten Mal gesehen habe.

Seither war ich nie wieder in Mala Ćelina, ich weiß nicht, wie die Arbeiten vorangingen und wann der Bau fertig war.

Eines Tages nahm mich Vater einfach nicht mehr mit in sein Wochenendhäuschen.

Auch darüber haben wir nie geredet.

XXXI

Ich habe vergessen, wie und von wem wir erfuhren, dass Vater wieder geheiratet hatte.

Er tat so, als sei er schon immer verheiratet gewesen.

Mir gegenüber verlor er kein Wort darüber, er war nur noch freundlicher und lustiger und voll vorbeugender Umarmungen.

Die Frau meines Vater soll eine ehemalige Patientin gewesen sein, keine Leukämie, eine leichte Krankheit.

Ich bin ihr nie begegnet, obwohl Sarajevo keine sonderlich große Stadt ist. Ich hörte ihre Stimme nie am Telefon, denn dass ich nicht bei ihm zu Hause anrief, verstand sich von selbst.

Keine Ahnung, welches Problem sie mit der Tatsache hatte, dass er einen Sohn hatte, zumal sie selbst kinderlos war. Sie hätte, ohne sich groß anstrengen zu müssen, eine gute Stiefmutter sein können.

Ich war zwölf, dreizehn Jahre alt, ein großer Junge, ausgesprochen pflegeleicht.

In einer schweren katholischen Prosa à la Bernhard könnte ich sie als frustrierte Frau beschreiben, die keine Kinder haben konnte.

Aber das wäre fiktionale Prosa, ein Roman, den ich durchaus schreiben könnte, weil mich das Thema etwas angeht, über das ich mein ganzes Erwachsenenleben lang und schon so manches Jahr als Jugendlicher, Pubertierender und älteres Kind nachdenke, ein Thema, das mir in jeder Hinsicht nah ist. Nah sind mir die Motive aller Figuren eines solchen Romans: ein schwacher Vater, eine schwermütige Stiefmutter, die nicht selbst Mutter sein kann, ein Sohn, der in vielem dem Vater ähnelt, mitunter der reinste Spiegel …

Das wäre ein Roman, aber hier geht es um eine Wirklichkeit, die am Sonntag auch ihr biologisches Ende fand.

Und in Wirklichkeit weiß ich nichts über die Frau, mit der Vater über dreißig Jahre zusammenlebte.

Ich war ihm wegen dieses Verrats nie böse.

Es ärgerte mich nicht, dass ich nicht mehr mit auf den Trebević durfte. Es ärgerte mich nicht, dass er mir nie die Wohnung gezeigt hat, in die sie kurz nach der Hochzeit zogen und die nach den sozialistischen Wohnungsvorschriften mindestens fünfzehn Quadratmeter größer war, weil er ein Kind hatte. Es ärgerte mich nicht, dass ich ihn nur noch auf der Arbeit anrufen durfte. Es ärgerte mich nicht, weil sich das alles und noch vieles andere mehr irgendwie von selbst verstand, und ich habe nie versucht, daran zu rütteln.

Unser Verhältnis hätte sich nur auf eine Art ändern können: dass ich jeden Kontakt zu ihm abgebrochen hätte und in allem anders als er hätte sein wollen.

Aber dafür hätte ich ihm böse sein müssen. Nur konnte ich ihm nicht böse sein, weil ich ihn verstehen konnte und mir leidtat, dass er sein Leben lang ein schlechtes Gewissen hatte. Als er am Donnerstag sagte, er habe mir nie seine Dankbarkeit zeigen können, hat mich das ziemlich traurig gemacht.

Dankbarkeit wofür?

Natürlich für das, was ich schreibe.

Er stand mir fern und wusste nicht, wie er mich hätte liebhaben sollen. Er wird auch deswegen Gewissensbisse gehabt haben.

XXXII

Im bernhardschen Roman von Vater, Stiefmutter und Sohn stünden die Gewissensbisse des Vaters im Zentrum der epischen Struktur.

Vaters Gewissen war extrem empfindlich; selbst nach dem Tod der Mutter fühlte er sich für alles Mögliche schuldig, obwohl er, wenn auch reichlich spät, keinem mehr Rechenschaft schuldete.

Sein Lächeln, das mich an Peter Sellers erinnerte, war ein schuldbewusstes Lächeln.

Das moralische Prozedere katholischer Gemeinden gründet auf Gewissensbissen; sie werden seit Jahrhunderten gehegt und gepflegt wie ein englischer Rasen. Die Sünde ist das Wasser, mit dem der Rasen gesprengt wird, die Gemeinde würde auseinanderfallen, wenn unsere Sünden austrocknen oder plötzlich gemäß Gesetz und Menschlichkeit bestraft würden.

Vater war, wieso wiederhole ich es ständig?, Atheist.

Aber ein katholischer Atheist. Sein ganzes Leid, die Selbstbezichtigungen, die Heuchelei waren katholisch. Katholisch war die stille Angst, am Ende könnte ihn eine schreckliche Strafe ereilen, vor der er sich durch ärztliche Opferbereitschaft schützte – wurde er mitten in der Nacht von den Verwandten eines Sterbenden geweckt, sprang er aus dem Bett und kaufte sich von der Sünde los, dass er uns nicht mehr auf den Trebević mitnahm.

Er war nicht weniger katholisch als seine Mutter oder der schreckliche Erzbischof von Sarajevo, Ivan Evandelist Šarić, der Oden an Pavelić, den Führer, schrieb und die Vertreibung von Juden und Serben als bedauerliche historische Notwendigkeit und Gottesstrafe für die Kreuzigung Christi beziehungsweise für Ketzerei betrachtete. Außer dass Vater, anders als seine Mutter und deren Erzbischof, Gott nicht auf seiner Seite wusste.

Sein Vater, mein Großvater, hatte ihn verleugnet, und das prägte sein Verhältnis zu mir.

Wieder kann ich davon nicht anders erzählen als mit meinem ungeschriebenen bernhardschen Roman.

In dem wäre das Verhältnis von Vater und Sohn ein Spiegelbild des Verhältnisses von Großvater und Vater.

Alles wiederholte sich eins zu eins, jede Empfindung, jede Furcht, nur die Angst vor Strafe und die Gewissensbisse nicht.

Denn der Vater hat die Sünde seines Vaters vor Augen und in der Seele, er weiß, dass er Sünden nach Gottes und der Menschen Gesetz mit ewigen Höllenqualen büßen wird, und deswegen behandelt er seinen Sohn besser, obwohl er die Matrix wiederholt.

Die Fabel ist immer dieselbe, das Schuldbewusstsein erwächst aus der Gewissheit der Wiederholung. Den Mann treibt statt Vaterliebe nur die Angst vor der Sünde an.

XXXIII

Habe ich eben behauptet, mein Vater hätte mich nicht geliebt?

Darüber habe ich nie nachgedacht, erst dieser sonntägliche Essay stößt mich auf die Frage, und die Antwort könnte sein: Ja, er hat mich tatsächlich nicht geliebt. Ich war seine Angst vor der Sünde. Nichts an diesem Gedanken beunruhigt mich, höchstens habe ich Angst, dass es pathetisch klingt, wenn ich es aufschreibe.

Der Gedanke selbst ist nicht pathetisch.

In seinem Leben trafen, passgenau wie ein Sarajevo-Puzzle für Kleinkinder, zwei große Leiden zusammen: das private an der Familie, das von Raum und Zeit unabhängig ist, und das allgemeine an der Geschichte, das sich dem Menschen einprägt wie ein Stempel mit dem Staatswappen.

Die persönlichen Umstände laufen parallel zu den historischen, fast nichts unterscheidet das, worauf Vaters Großvater, der Postboten und Lottospieler aus Ličko Lešće, hoffte und woran er scheiterte, von dem Schicksal des Staates, in dem Vater geboren wurde.

Das Unglück und die Frustration meiner Großmutter Štefanija mit der Ehe treffen sich fatal mit dem Unglück und die Frustration Kroatiens und des kroatischen Volkes in der Ehe mit dem Königreich der Karađorđe. Ihr Leben und dann auch das Leben ihres schwächlichen Sohnes, meines Vaters, war unlösbar mit den staatlichen Verhältnissen und politischen Umwälzungen verkettet.

Anders kann ich es mir nicht erklären.

Denn wenn es anders wäre, wäre ich nicht ich.

Hätte er mich lieben können, hätte er sich aus seinen Lebensumständen loszureißen vermocht, dann gäbe es dieses Lebewohl nicht. Vermutlich auch nicht mein Interesse an der politischen Geschichte Jugoslawiens und des Balkans im zwanzigsten Jahrhundert, die in fast allem, was ich in Romanen oder für Zeitschriften geschrieben habe, eine tragende Rolle spielt. Ohne dieses Puzzle aus historisch Bösem und privatem Unglück, dessen Teile so vollendet ineinandergreifen, wäre ich sicher ein anderer Schriftsteller, wenn ich überhaupt ein Schriftsteller wäre.

XXXIV

Im ersten Kriegsmonat – er war in der Klinik – hörte er durchs Fenster eine Serie von Detonationen aus östlicher Richtung, aus Bjelave oder Mejtaš, und da habe ich gewohnt.

Ihn erfasste Panik, er schaltete das Radio ein, wollte hören, wo geschossen wurde.

Drei Granaten seien am Sepetarevac eingeschlagen, wurde gemeldet. In der Straße habe ich damals gewohnt.

Er griff zum Telefon und rief an, aber keiner meldete sich.

Zehn Minuten später hätte die Visite beginnen sollen, aber er rannte im weißen Kittel mit dem Kuli in der Brusttasche, auf die »dr Jergović« eingestickt war, auf die Straße, auf die Granaten wie ein Sommerregen prasselten, und lief, dick und in die Jahre gekommen, nach Mejtaš bis zum Sepetarevac, halb verrückt vor Angst um mich.

Als er ankam, traf er mich lebend an.

Er war glücklich.

Ich bin sicher, es wäre sein Ende, sein Tod gewesen, sein Herz wäre stehen geblieben, hätte mich eine Granate getötet gehabt. So war der Moment.

XXXV

Es gibt nur konfessionsgebundene Atheisten, jeder hat seinen Tempel, auch wenn kein Gott darin wohnt. Zumindest bei uns Europäern gibt es nur konfessionsgebundene Atheisten. Anderswo, wo es alles Mögliche gibt, mag es konfessionslose Atheisten geben.

Auch ohne Gott oder den Glauben an Gott verläuft das Leben daher in demselben Wertesystem mit denselben Spielregeln und Zeremonien. Der Atheist ist gewöhnlich verpflichtet, wie ein gläubiger Mensch zu handeln, der eine muss leben wie der andere, wird von denselben Gespenster verfolgt, hat dieselben Ängste, nur hoffen kann er nichts, nichts glauben und sich nicht erklären, warum die Dinge so sind, wie sie sind.

Das ist kein Oberflächenphänomen, Atheist werden ist nicht wie Nichtraucher werden, wo man anfangs nicht weiß, wohin mit den Händen; auch wenn man sich befreien und statt des unendlichen Absoluten die unendliche Leere annehmen kann, bleiben die Formen der Anbetung lange nach Gottes Verschwinden da. Der Weg besteht unabhängig vom Ziel weiter.

Ich bin zwischen atheistischen Muslimen aufgewachsen, die kein Schweinefleisch essen.

Ihr Atheismus war hoffnungslos glaubhaft, aber in diesem Detail unterschieden sie sich von katholischen oder orthodoxen Atheisten.

Manche ließen sogar ihre Söhne beschneiden. Nicht etwa, weil sie auf die Meinung der Leute etwas gaben oder um den alten Leuten in der Familie einen Gefallen zu tun und schon gar nicht, weil es so Brauch war. Ebenso wenig gehörte es zu den möglichen Inhalten ihrer deklarierten nationalen Identität.

Gott existierte für sie nicht mehr, aber der breite Weg, der zu ihm führte und der allem voran den Alltag prägte, blieb. Das spezifische nationale Substrat unserer Völker, das, was Kroaten und Serben und Bosniaken voneinander unterscheidet, ist so geringfügig und armselig, die Ähnlichkeit vom Triglav bis Gevgelija hingegen so fatal groß, dass sich die Nationalität hiesiger Atheisten verflüchtigen würde, wenn sie die Ge-

bräuche und Mythen ihrer Herkunftsreligionen vergä-
ßen. Am Ende basierte selbst die gründlich säkulari-
sierte balkanisch-multikulturelle Gesellschaft auf religiösen Unterschieden, und so sind die Religionskriege
zwischen Atheisten, wie wir sie gesehen haben, eigentlich nichts Ungewöhnliches.

Ähnliches gilt für den katholischen Atheismus des
slowenischen sozrealistischen Autors France Bevk.

Sein Buch über Tito war in der vierten Grundschul-
klasse Pflichtlektüre. Darin beschreibt er anschaulich,
wenn auch mythisch – um nicht zu sagen mythoma-
nisch – aufgeladen Kindheit und Jugend von Josip Broz.

Ein Teil seines Materials stamme, so Bevk, aus Dedijers Beiträgen zu einer Biografie Josip Broz Titos, alles
übrige habe er durch eigene Nachforschungen gefunden.

Vladimir Dedijer lässt sein Buch, um die Angriffe auf
Tito zu demaskieren, demonstrativ nach dem Aufruf
der Kominform zu dessen Sturz beginnen; veröffentlicht hat er es in Stalins Todesjahr parallel in Ljubljana
und Belgrad. France Bevks Buch über Tito erschien
1955, also zwei Jahre später.

Bis heute ist unklar, was bei Bevk und Dedijer und
allen anderen Biografien und Hagiografien an der Geschichte von Titos Kindheit und Jugend glaubwürdig
und was Verklärung oder schlicht Erfindung ist. Doch
erinnern Titos Geburt und Jugend nach Bevks Um-
wandlung von Dedijers journalistischem Stil in Belle-
tristik frappierend an Geburt und Jugend Jesu Christi.

An vielen Stellen schimmern Motive aus dem Neuen Testament in Bevks sozialistischem Palimpsest durch.

Man könnte ebenso schlicht wie fälschlich annehmen, der Schriftsteller habe Tito bewusst mit solchen Manipulationen ins kollektive Gedächtnis der Nation einschreiben und an die Stelle setzen wollen, die zwanzig Generationen und gut tausend Jahre lang Gottes Sohn gehört hatte.

Doch es dürfte vielmehr so sein, dass der unglückliche Slowene und treue Ivan-Cankar-Schüler, der wie so viele im Lauf des Kriegs den Glauben an Gott verlor, nicht einmal entfernt an die Evangelien und das Leben Christi gedacht hat und beschämt oder beleidigt gewesen wäre, wäre ihm die eben geäußerte Sicht seines Werkes zu Ohren gekommen.

Er wird Tito wohl eher, fasziniert von der Persönlichkeit seines Helden, nach politischen, aber auch literarisch-stilistischen Imperativen so dargestellt haben, wie der größte, der übermenschlichste Mensch auf Erden gemäß seiner Vorstellung von menschlicher Tugend und Größe sein musste.

Und unwillkürlich stellte France Bevk Tito als Gott dar und zwar als den Gott, der ihm aus seiner Kindheit vertraut war, obwohl er nicht mehr an ihn glaubte: den Gott nach römisch-katholischem Dogma und Vorbild.

Aber wieso hat er dann den Glauben an Gott verloren?

Wieso hat die Generation der Partisanen den Glauben an Gott verloren?

Warum war mein Vater schon als Gymnasiast ein Gottloser?

Die Erklärung, die Partei habe es so gewollt, ist unzureichend und falsch. So falsch wie der Schluss, die Menschen seien mit dem Ende der Kommunistischen Partei wieder religiös geworden.

Denn wenn einer meinem Vater Gott ausgetrieben hat, dann nicht die Kommunisten, sondern seine Mutter. Sie hat Gott in ihm – wie unser Volksmund sehr richtig sagt – getötet. Wenn eine tief gläubige Mutter dem todkranken Sohn ein Glas Wasser verweigert und ihn damit für seine kommunistische Gottlosigkeit bestraft, wird er, wenn ihn schon kein mörderischer Hass packt, zumindest an ihrem Gott zweifeln.

Das ist eine literarische Annahme.

Vater ist tot, und so kann ich von ihm nur noch das erfahren, was der literarischen Fantasie entspringt.

Mein Vater ist ein irreales Wesen, ein Hobbit oder ein Troll, Königssohn Marko oder Harry Potter, Saladin aus *Tausendundeine Nacht* oder Flash Gordon, er ist droben im Himmel, und alles, was ich über ihn und seine Zeit sage, ist erfunden. Es gibt keine Wahrheit über Tote, außer dass sie tot und nicht mehr da sind, als hätten sie nie gelebt.

Schon zu seinen Lebzeiten wusste ich so wenig von ihm, dass er für mich eine Fantasiegestalt war.

Während des Kriegs unter den Partisanen und dann auch noch in den ersten Friedensjahren unter den kommunistischen Herren durften die kirchlichen Feiertage begangen werden. Die Götter der Partisanen beschreibt Eduard Kocbek erschüttert in seinen Tagebüchern.

Damals drang der Freiheitskampf gemäß der Vorstellung des großen Stalin kapillar durch die Nationale Front aus Antifaschisten, Patrioten und all den Ungeliebten, die allein aufgrund ihrer Zugehörigkeit zur falschen Nation oder Rasse dabei waren. Die Kommunistische Partei sollte das Schwungrad eines breiten sozialen Zusammenschlusses sein, diskret ideologische Propaganda betreiben, jedoch nicht – was wichtiger gewesen wäre – zum Aufbau eines ideologischen Monopols und zur Machtübernahme schreiten.

Stalins Wunsch und Wille hatte paradoxe Folgen: Die jugoslawischen Kommunisten durften sich nicht auf die Oktoberrevolution und das Gründungsjahr der Sowjetunion beziehen.

Stalin wollte die Alliierten aus strategischen Gründen nicht verärgern, die ihm 1943 und 1944 die Waffen lieferten, mit denen er unter fürchterlichen Opfern der Sowjetbevölkerung Hitlers Deutschland zerschlagen und halb Europa erobern sollte.

Wichtiger noch: Jugoslawien sollte nicht von der schwachen und unselbstständigen KPJ endgültig für die Sowjetunion erobert werden, die ideologische Wiedergeburt vielmehr dem sowjetischen Befreier vorbehalten bleiben. Bis dahin feierte die Avantgarde der Arbeiterklasse Weihnachten und Ostern. Die Ankunft der sowjetischen Brüder sollte der lokalen Kommunistischen

Partei den Todesstoß versetzen. Nach diesem Muster wurde der größere Teil Osteuropas besetzt.

Und so verlängerte Genosse Stalins Kalkül, aus Jugoslawien einen vorbildlichen Satellitenstaat zu machen, Gottes Leben bei uns um ein paar Jahre.

Wenn heutige Antikommunisten behaupten, Tito sei ein schlimmerer Stalinist gewesen als Stalin selbst, ist das nicht ganz falsch. Schließlich ermöglichte Tito mit seinem Hyperstalinismus, der Ablehnung der Nationalen Front und eben weil er auf der führenden Rolle der Kommunistischen Partei insistierte, relativ bald schon die radikale Liberalisierung der jugoslawischen Gesellschaft, die bereits Mitte der sechziger Jahre einsetzte. Und er trat als guter Patriot auf.

So stellt es sich in der literarischen Interpretation dar: als literarisches Paradox.

Vater wurde also Atheist in einer Zeit, als der Atheismus noch kein gesellschaftlich-politischer Imperativ war.

Ich werde nie erfahren, wann er sich der Abwesenheit Gottes bewusst wurde. Er teilte eine metaphysische Erfahrung seiner Generation oder wenigstens der Mehrheit seiner Generation. Interessanterweise wurde diese geistige Umwälzung in der jugoslawischen Literatur oder Kinematografie nie thematisiert.

Dabei dürfte die Entdeckung der Abwesenheit Gottes ein ebenso großes Wunder sein wie einst seine Offenbarung.

Die Entgötterung der jugoslawischen Kriegs- und

Nachkriegsgesellschaft ist eine große Erzählung, und es gab regelmäßige Vorstöße, sie à la Branko Ćopić nach soziologischem oder gesellschaftlich-politischem Schlüssel – mittels Satire jeder tieferen, persönlicheren Bedeutung beraubt – zu meistern.

Ćopić schuf eine Szene, in der der Kriegsheimkehrer Nikola Bursać seiner greisen Mutter erklärt, dass es Gott nicht gibt und auch nicht geben kann; die Szene hat sich in die jugoslawische Ikonografie eingeschrieben, die nur so wimmelt von Erzählungen, Sketchen oder Anekdoten mit dem immer gleichen, wenn auch leicht abgewandelten Plot, von Tragödien und Komödien aus der Feder von Dorfschullehrern, aufgeführt von Laienschauspielern, über harmlose, auf die Schnelle improvisierte Fünfminüter bis hin zu Fernsehproduktionen wie *Znanja imanja* (*Wissen Besitz*), die ganze Dörfer zu kulturell-künstlerischem Schaffen anhalten sollten. Es gibt keinen Gott, weil es keinen gibt, weil der Brigadekommissar gesagt hat, dass es keinen gibt, und weil es nichts gibt, woran man sehen könnte, dass es ihn gibt. Schließlich hat ihn noch keiner gesehen!

Darauf reduziert sich Nikoletinas Lehre von Gott, wenn wir Ćopićs schriftstellerisches Genie und gesellschaftliches Talent abziehen.

Auf Ćopić bezogen sich später Kommunisten wie Antikommunisten, und das ganze jugoslawische Drama der Entgötterung wurde im Wesentlichen auf den Bauern mit dem Maschinengewehr reduziert, der – urbi et orbi – den Glauben, dass es keinen Gott gibt, verbreitete und diktierte, weil es Abtrünnige mit seinem Maschinengewehr zu tun bekamen.

Als Gott eines Morgens kurz vor dem Krieg Anfang der Neunziger wieder nach Jugoslawien kam, war es nicht derselbe Gott, der zwischen 1943 und 1948 oder etwas später die Seelen unserer Väter, Großmütter und Großväter verlassen hatte, vielmehr bezeugte der neue Gott seine Anwesenheit im Namen der Nation.

Er zeigte sich jeder von ihnen, und in Bosnien verteilte er entsprechend der historischen und nationalen Gegebenheiten seine Dreieinigkeit auf die drei nationalen Religionen. Der neue Gott ist nicht so fordernd und streng wie der alte, er verlangt vom Gläubigen nicht, dass er die Mythen, Legenden und Heiligengeschichten glaubt, etwa dass die Welt in sechs Tagen geschaffen wurde und man sich am siebten ausruht oder dass Kain Abel umgebracht hat. Es ist ein Gott der nationalen Fügung, eine Art himmlischer Starčević, Strossmayer und Karađorđe, ein ganz praktischer Gott, dessen Wirken auf überlieferten Prinzipien sowie zeitgenössischen Methoden, wissenschaftlichen Erkenntnissen und Techniken beruht, dank derer vollkommene Artilleriewaffen existieren, die Gottes Geschöpfe noch im hintersten Winkel, in den sie sich aus Angst vor Tod und Leid verkrochen haben, aufspüren und liquidieren können.

Mehrmals habe ich nach 1990 mit Vater bei unseren Treffen über Gott und Kirche gesprochen, in späteren Jahren dann eher telefonisch.

Ich konnte ihm die Frage nicht direkt stellen, wollte aber wissen, ob er dort Zuflucht nehmen würde, von wo er einst geflohen war. Ich spitzte darauf, was er über Ihn sagen würde, achtete auf Pausen im Satz, die er nicht da einlegte, wo ein Komma oder ein Punkt hingehörte, und die darum unlogisch waren, in denen sich womöglich sein Zweifel, ob nicht doch Etwas existiert, eingenistet hatte.

Ich spionierte ihm so nach, schickte falsche Signale, zupfte an ihm herum, log ihm ein wenig von meinen eigenen Glauben und Unglauben vor, und er sprach leise, zurückhaltend und wie immer darüber, die neuen Gläubigen seien schrecklich aggressiv und zahlreich, sagte er, man dürfe ihnen keinen Anlass zu Streit bieten, müsse sich vor ihnen in Acht nehmen und sie meiden; in Zagreb, sagte er, müsse ich noch viel vorsichtiger sein als in Sarajevo, denn in Zagreb gebe es nur die einen, die Katholiken, und die anderen nicht, so seien diese Katholiken nicht an andere und andersartige gewöhnt und daher starrköpfiger und radikaler; vor dem Krieg, sagte er, als in Sarajevo die ersten Aufkleber »Abtreibung ist Mord« auftauchten, habe er Angst bekommen, Angst gehabt, diese Art Propaganda sei der Nährboden für künftige Mörder, aber ich solle bitte nicht darüber schreiben …

Er war still, und er war duldsam, ein echter katholischer Atheist, ihn erleuchtete die Gnade des neuen, nationalisierten Gottes nicht.

Ich habe ihn auch nie direkt gefragt, ob er sich einen

kroatischen Pass geholt hat, worauf er als bosnisch-herzegowinischer Kroate nach Tuđmans Gesetz Anrecht gehabt hätte, aber ich kann es mir nicht vorstellen. Sollte er es doch getan haben, dann sicher nur auf das Drängen seiner Frau.

Er war alt, er wollte nicht mehr weg, er lehnte es ab, in eine glücklichere Heimat umzuziehen, und der Pass wäre ein Schritt Richtung Aussiedlung gewesen. Hätte er es getan, hätte er die kroatische Staatsangehörigkeit beantragt, hätte er sich pragmatisch der gesellschaftlich-politischen Heuchelei bedienen müssen.

Er hätte Gottes Existenz zugeben müssen, hätte wie alle anderen bosnisch-herzegowinischen Kroaten eine römisch-katholische Taufurkunde vorlegen müssen, das einzige Dokument, das der kroatische Staat als Beleg des Kroatentums anerkannte.

XXXVI

Ich war vierundzwanzig Jahre alt, als meine Gedichte in die Anthologie kroatischer Dichtung, herausgegeben von dem Dichter Mile Stojić im Svjetlost-Verlag, aufgenommen wurden. Das war 1990.

In der Zeit der gemeinsamen Sprache mit zwei Varianten schrieb und sprach ich wie heute unorthodox, aber zweifelsohne in der westlichen Variante. Ich schreibe also auf Kroatisch.

Von frühauf thematisierte ich, ob in Zeitungen oder Gedichten – denn vor dem Krieg veröffentlichte ich ausschließlich Gedichtbände –, meine Herkunft in einer Art, die mich eindeutig im nationalen Sinn als Kroaten ausweist.

Im Sommer 1991 und Anfang 1992 unterschrieb ich zwei öffentliche Aufrufe, die Ivan Lovrenović gegen Tuđmans Bosnien-Politik initiiert hat und die dazu aufforderten, sich zu besinnen und die Souveränität Bosnien-Herzegowinas anzuerkennen. Die Unterzeichnenden erklärten sich als »kroatische Intellektuelle aus Sarajevo«. Warum hätte ich mich auf diese Weise und an dieser Stelle exponieren sollen, wenn ich nicht Kroate wäre?

Mein Nachname ist typisch kroatisch.

Während meiner Jugend und Schulzeit habe ich – oder andere in meinem Namen – meine Nationalität auf keinem einzigen Dokument erklären müssen, aber in der Heiratsurkunde meiner Eltern oder in deren Geburts- und Taufurkunden steht eindeutig, dass sie Kroaten sind.

Anfang der Neunziger gab es praktische Gründe, für die sich ein kroatischer Pass lohnte, aber ganz grundsätzlich – warum sollte sich jemand, der kein Kroate ist, für einen Kroaten ausgeben?

Doch als ich im Sommer 1993 nach Zagreb kam, und zwar als einer mit dauerhaftem Beschäftigungsverhältnis, wie das hieß – seit 1989 arbeite ich als Journalist für *Slobodna Dalmacija* –, konnte ich mich nicht als bosnischer Kroate ausweisen, ebenso wenig als bosnischer Serbe oder bosnischer Muslim.

Es gab schlicht kein entsprechendes Dokument, denn im Unterschied zu meinen Eltern war ich weder in einer katholischen Kirche noch sonstwo getauft.

Metaphysische Gewissheiten und Ungewissheiten sind mir nicht so gleichgültig, als dass ich mich pragmatisch auf die Schnelle taufen lassen würde. Für mich bedeutete das eine Demütigung, ich sehe es als Ausdruck von mangelndem Respekt vor Gott und denen, die an ihn glauben. Ich bin nicht gläubig, aber das muss doch nicht heißen, dass ich Gott nicht achte.

Und es wollte mir nicht in den Kopf, dass ich nur als Katholik Kroate sein durfte.

Warum soll einer Kroate sein, weil er Katholik ist? Katholizismus und Kroatentum waren in meinem naiven Verständnis klar getrennte Begriffe, die sich nur in kulturellen Identitäten berührten. Vor langer Zeit wurde der Katholizismus Teil der kroatischen Nationalidentität, aber er ist auch Teil der kulturellen Identität jener Menschen und Völker, die unter den Kroaten wohnen, aber keine Kroaten sind. Schließlich gehören Islam und orthodoxes Christentum auch zu meiner Identität.

Ich war ein todernster junger Mann, und ich nahm alles sehr, sehr genau.

Ich dachte nicht daran, mich taufen zu lassen, sondern lebte mit befristeten Aufenthaltsgenehmigungen in Zagreb und wollte die Behörden über Beziehungen zur Anerkennung meiner unzweifelhaften Zugehörigkeit zum kroatischen Nationalkorpus bewegen. Ich fand es schlicht unanständig, wenn die Behörden mich und meinen Vater im Kommunismus wegen meiner Ustascha-Oma und deren nach Argentinien emigrierten Schwestern observieren und dann – mitunter buchstäblich in Gestalt derselben Personen – mein Kroatentum anzweifeln und ein kirchliches Dokument verlangen.

Leider hatte ich keine Beziehungen.

Freunde und Bekannte guckten mich verständnislos an, erzählten von einem befreundeten Pfarrer, der könne mich taufen, und als ich das ablehnte, boten sie mir eine fingierte Taufbescheinigung an; sie begriffen mein eigentliches Anliegen nicht, aus dem heraus ich ihre einfache, vernünftige Lösung ausschlug.

Du musst den Katechismus, die Gebete und den ganzen Kram nicht lernen, sagte mir einer, mit dem ich bis heute gut befreundet bin; vermutlich dachte er, ich hätte Angst, mich aus den Religionsbüchern mit einer Geisteskrankheit anzustecken.

Den Kram kenne ich besser als du und dein Pope, fauchte ich ihn an.

In diesen Tagen, Monaten und Jährchen wurde ich oft zornig und fing an zu zetern, damit mich alle besser hörten, ich verfluchte bewusst blasphemisch Gott, die Kirche, die Pfaffen und Behörden, die mir den Pass verweigerten. Sonst fluche ich nicht auf Gott und finde das auch nicht in Ordnung, es könnte andere unnötig beleidigen oder verschrecken.

Außerdem ist es die Art von Flüchen, die sich nur um Haaresbreite von Gebeten unterscheiden.

Verfluchen kann man nur Dinge, die es gibt, zumindest in unserem balkanisch-slawischen Umfeld. Anderswo mag es Flüche geben, die das Nichts verfluchen und über die Leere lästern, unsere Flüche hingegen sind ausgesprochen konkret, auch wenn es sich um Metaphern handelt. Wir verfluchen ausschließlich gegenwärtige Personen – in uns, um uns oder über uns. Flüche rufen Gott herbei. Sobald ich ihn verfluche, bestätige ich seine Omnipräsenz.

Menschen, die Gott verfluchen, ohne ihn zu spüren, die einen Augenblick später vergessen haben, was und wen sie da eben verfluchten, sind ideale Atheisten. So einer bin ich offensichtlich nicht.

Jedenfalls hat keiner der Menschen, die mir helfen konnten und wollten, begriffen, warum ich die Staatsbürgerschaft partout ohne Taufurkunde wollte.

Zu einem bestimmten Zeitpunkt erreichte die Geschichte D. Š., einen kroatischen Lyriker mit delikater Seele und für die kroatische Kriegsgesellschaft delikater sexueller Orientierung, der seit Tuđmans erstem Auftritt seine Liebe zu Kroatien als leiblicher Übermutter hinaustrompetete, die ihre Söhne und Töchter zwischen gewaltigen Brüsten vor allem Bösen schützt. Er schrieb vaterländische Gedichte, widmete sie der kroatischen Armee und den Gefallenen und agitierte in London und auf der ganzen Welt für die Heimat.

Schließlich holte ihn der oberste Befehlshaber ins

Außenministerium, zu der Zeit, als ich ungetauft an meine Staatsbürgerschaft kommen wollte, hätte er sie mir aufgrund seiner hierarchischen Position binnen vierundzwanzig Stunden beschaffen können. Schließlich erhielten damals international gesuchte Verbrecher, die mit Kroatien rein gar nichts zu tun hatten, über dieses Ministerium die Staatsbürgerschaft und gültige Pässe, manchmal mehrere auf unterschiedliche Namen – der berüchtigtste war ein gewisser Semjon Mogiljevič, einer der führenden Köpfe der russischen Mafia, den wir nicht vergessen werden. Kroatische Staatsbürger mit gültigen kroatischen Pässen waren auch, wie in der Zeitung stand, die Mörder von Zoran Đinđić.

D. Š. war ein Freund von einer Freundin von mir, er versprach zu prüfen, was er für mich tun könne, und meine Freundin sagte, das könne nur eins bedeuten: Meine Prinzipientreue und Dickköpfigkeit habe gesiegt, ich würde eine Staatsbürgerschaft ohne Taufe bekommen. Denn wenn er etwas prüfen wolle, sei die Sache praktisch erledigt.

Außerdem seid ihr Schriftstellerkollegen, sagte sie, und das ist auch etwas, wofür so ein Mensch empfänglich ist.

Gut, dieses Argument gefiel mir überhaupt nicht, denn D. Š. war definitiv kein Autor nach meinem Geschmack. Doch im Gegenzug für die Papiere hätte ich über ihn und seine Literatur nie mehr etwas Schlechtes gesagt. Das sollte im gemeinsamen Interesse und der kroatischen Literatur zuliebe drin sein.

Wie einst Mile Budak im faschistischen Zagreb Krleža wird D. Š. mir mein Kroatentum bescheinigen. Zugegeben, Krleža brauchte eine solche Bescheinigung nicht, und mein Leben hing nicht wie seins am seidenen Faden.

Ein Monat ging ins Land, ein zweiter und dritter.

Kein Anruf des Dichters, obwohl ihm die gemeinsame Freundin extra meine Telefonnummer gegeben hatte.

Dann traf ich diese Freundin zufällig. Er habe sie vor einigen Wochen angerufen, sagte sie, und sei ganz traurig gewesen.

Nun gut, Lyrik seiner Machart ist eben traurig, wenn er fröhlich ist, ist er kein Dichter mehr.

Aber ach, wegen mir war er traurig.

Er könne mir nicht helfen, hätte er gesagt, könne mir mit der Staatsbürgerschaft nicht helfen, weil ich – welch ein Jammer für die kroatische Literatur – in allen Dokumenten »Jugoslawe« als Nationalität angegeben hätte.

Die Freundin sagte das eher trocken. Wie handgeschöpftes Papier, das zweihundert Jahre in einer katholischen Kirchenbibliothek zwischen Buchseiten lag und bei der ersten Berührung durch eine menschliche Hand zu Staub zerfällt, so dass wir nie erfahren, was darauf stand, so rieselte es vor meinen Augen. Ich habe der Freundin an dem Tag nicht die Hand zum Abschied geschüttelt, um sie nicht zu verlieren.

Jedenfalls habe ich ihr vorenthalten, dass ich in meinem ganzen Leben nie die Ehre hatte, in irgendwelchen

Dokumenten meine Nationalität zu deklarieren, mich ergo auch nie als Jugoslawen bezeichnen konnte, auch wenn mir während unseres Gesprächs wie auch jetzt, da ich es aufschreibe, das verhasste, feindliche Wort in der entsprechenden Rubrik völlig richtig und natürlich erschienen wäre und erscheint.

Denn wenn D. Š., dieser traurige Kroatendichter, nicht nur nicht einmal in Ansätzen tat, was der Kriegsverbrecher Budak für seinen Schriftstellerkollegen Krleža tat, sondern mich obendrein fälschlich als Jugoslawen denunzierte, um die Aufmerksamkeit des Geheimdienstes auf mich zu lenken, womöglich in der Hoffnung, der möge genauso effektiv sein wie seinerzeit 1941, dann halte ich Jugoslawe sein für die einzig ehrenhafte Option.

Meiner Freundin habe ich nichts davon erzählt, ich war viel zu konsterniert dafür.

Als ich wieder bei mir war, rief ich einen der wenigen echten, lebenslangen Freunde an, die man hat, in meinem Fall ein bosnischer Franziskaner, und schilderte ihm die Sachlage. Er veranlasste alles Nötige, kam nach Zagreb und taufte mich eigenhändig in einer Neu-Zagreber Kirche.

Mit der Taufurkunde beantragte ich Staatsbürgerschaft, Reisepass, Personalausweis …

Ich hatte mich als ungebetener Gast eingeschlichen und blieb.

Zumindest auf dem Verwaltungsweg können sie mich nicht mehr hinauswerfen. Gelegentlich treffe ich D. Š., wenn er zwischen seinen langen, anstrengenden Missionen im Verbreiten der Wahrheit über Kroatien und dessen Freiheitskampf in der Stadt ist. Anlässlich der Gründung einer neuen, antinationalistischen Schriftstellervereinigung, an der wir uns beide beteiligten, stellte uns jemand, der keine Ahnung hat, einmal einander vor.

Er reichte mir die Hand, und ich hielt sie eine Zeit lang in der meinen und schüttelte sein kleines, feuchtes, wabbeliges Gliedmaß, feindselig herzlich und abwesend, gerade als würde ich gedanklich an einem Sonett arbeiten.

Die Regierung hat gewechselt, Tuđman ist tot, aber D. Š. blieb auf hohem diplomatischen Posten. Als Botschafter für die Wahrheit über Kroatien bereiste er Indien und Japan und besang in lyrischen Machwerken die lautere, grazile Schönheit armer Länder. Zu Hause aber schauderte ihn vor den Horden in Fußballstadien, die »Oj hrvatska mati, Srbe ćemo klati ...« (»O Mutter Kroatien, Serben schlachten wir ...«) skandierten. Schließlich sind wir keine Balkanesen.

Wann immer ich ihn im Fernsehen sehe, erkenne ich in ihm den Tick, die Stimmlage oder die Höflichkeit meiner Ustascha-Oma wieder, und so ist es mir nicht recht, dass er seine Lyrik den neuen politischen Umständen angepasst hat. Ganz allgemein machen mich solche kroatischen personae auf ewig zum Epiker.

XXXVII

Ich stamme aus einer Ehe getaufter Eltern, deren Eltern ebenfalls ordentlich nach dem Ritus der Heiligen Römischen Kirche getauft waren.

Nach der herkömmlichen Ordnung der Dinge und der Logik des jugoslawischen Atheismus hätte ich nicht ungetauft bleiben dürfen.

Aber es war halt so: Meine Eltern hatten Wichtigeres zu tun – sie ließen sich gerade scheiden. Außerdem waren sie bekennende Ungläubige, und in ihrer Generation verstand es sich nicht mehr von selbst, dass Kinder getauft werden. In der überwältigenden Mehrzahl der Fälle fand sich eine fromme Oma oder ein Opa, ein demobilisierter Heimatschutz-Mann und alter Maček-Anhänger, die das Kind aus religiösen oder politischen Gründen heimlich oder öffentlich, in jedem Fall in Abwesenheit der Eltern taufen ließen.

So kommt es, dass fast alle meine Altersgenossen getauft sind, insofern sie aus katholischen Familien stammen, oder als Muslime beschnitten.

Nur zwischen den Serben fand sich so mancher, der nicht mit geweihtem Wasser besprenkelt oder in das heilige Wasser des Jordan getunkt wurde.

War das gesellschaftspolitische oder religiöse Heuchelei?

Eigentlich nicht. Wer nicht an Gott glaubt, muss ihn nicht bekämpfen. Weihwasser ist nicht giftig, die Beschneidung, sagen Ärzte, aus hygienischen Gründen zu empfehlen, und wenn es Oma oder Opa freut, weil es sie an ihre Jugend erinnert, warum nicht? Dass wir uns durch Taufen und Beschneidungen auch national unterschieden, hatten wir ja schon besprochen.

Den größeren Teil des Jahres lebten wir in Drvenik bei Makarska.

Nono, Nona und ich. Nono war der Vater meiner Mutter, er hatte Herzasthma und musste in den nebligen, smogreichen Wintermonaten am Meer wohnen. Sarajevo hätte ihn umgebracht.

Ich hing an den beiden, viel mehr als an Mutter oder Vater, das änderte sich auch nicht mehr. Bis heute erlebe ich Mutter in vielen Dingen eher als meine Schwester. Meine jüngere Schwester.

Die Großeltern waren auch Atheisten.

Nono sei, hieß es, gottlos auf die Welt gekommen. Schon als Schuljunge, der in Travnik das Jesuitengymnasium besuchte, hielt er die angedrohten übersinnlichen Strafen, wenn er die Hostie mit den Zähnen berühre, für Mumpitz. Mutig kaute er den Leib Christi, passiert ist ihm nichts.

Im Ersten Weltkrieg war er wie die meisten Bosnier an der italienischen Front, am Isonzo, nahe dem heimatlichen Tolmin. Vielleicht hat er Ernest Hemingway getroffen, der als Journalist von diesem Schlachtfeld berichtete, das im Großen Krieg zu den blutigsten gehörte und ihn später in mehreren seiner Bücher zu einer Reihe von Kriegsszenen inspirierte.

Vielleicht hat Hemingway meinen Nono mit Gewehr, Bajonett und dem Fes der bosnischen Regimenter auf dem Kopf gesehen, vielleicht lebt Nono wenigstens in einigen Sätzen, Wörtern oder Kommata in den Büchern des großen amerikanischen Schriftstellers weiter.

Er kam in italienische Gefangenschaft, die er zeitlebens als schöne, gute Zeit in Erinnerung behielt, er lernte gut Italienisch und freundete sich mit verschiedenen Männern aus verschiedenen Teilen der heruntergewirtschafteten Monarchie an.

Sein Leben lang hatte er Kriegskameraden, an Gott glaubte er kein bisschen.

Aber er machte sich jedes Jahr fein und ging in die Christmette in die Kathedrale von Sarajevo, um sich auszusingen. Weihnachtslieder erinnerten ihn an seine Mutter, die jung gestorben war. Aber er konnte nicht singen.

Nona war früher gläubig gewesen, obwohl sie nicht aus einer religiösen Familie kam.

Sie hatte einen Sohn, meinen älteren Onkel, über den ich oft schreibe. Er wurde als Enkel von Volksdeutschen und deutscher Muttersprachler von der Wehrmacht mobilisiert und fiel in Slawonien im Spätsommer oder Frühherbst 1943.

Da wurde Nona Atheistin.

Sie bestrafte Gott, indem sie nicht mehr an ihn glaubte und keine Kirche mehr betrat. Wenn sie es doch einmal tat, um mir etwas zu zeigen, benahm sie sich, als habe sie irgendein menschenleeres Gebäude betreten, etwa ein Museum.

Sie hat mir alles beigebracht, was wirklich wichtig ist.

Das meiste andere habe ich mir selbst beigebracht.

Daran erinnere ich mich gut: Ich war vier Jahre alt, wir gingen auf der Stradun spazieren, ich fragte sie, ob es Gott gibt.

Für die, die an ihn glauben, gibt es ihn, und für die, die nicht an ihn glauben, gibt es ihn nicht.

Gibt es ihn für dich?

Nein.

Und gibt es ihn für mich?

Das wirst du selbst herausfinden.

Wann?

Wann du willst.

Nono war polyglott. Er sprach fünf, sechs Sprachen und lernte ständig eine neue. Er traf gern Menschen, die gut Préférence spielten und ernste Gespräche führen konnten. Für andere Menschen hatte er keine Geduld.

Drvenik war im Winter wie ausgestorben. Ein Teil der Leute aus dem Dorf, demobilisierte Partisanenoffiziere, wohnte in der Stadt, meist in Belgrad, ein anderer Teil arbeitete in Makarska oder Split, wieder andere waren nach Australien und Neuseeland ausgewandert, die Jüngeren gingen irgendwo zur Schule oder studierten, so dass im Dorf außer uns, einigen Greisen und dem einen oder anderen Fischer mit Familie keiner war.

Aber Großvater war nicht gern allein, er suchte jemanden, der ihm ähnlich war.

So fand er Pater Aleksandar, Ordensbruder in einem Kloster bei Zaostrog, der in der kleinen Kirche von Drvenik die Sonntagsmesse las. Sie fingen an, sich gegenseitig zu besuchen, Pater Aleksandar kam zu uns, vor allem in Zeiten stürmischer politischer Ereignisse, und dann hörten die beiden gemeinsam Radio und redeten über die heraufziehende Katastrophe.

Und irgendeine Katastrophe und ein Tag des Jüngsten Gerichts zogen immer herauf.

Ich erinnere mich gut an einen Sommertag und eine Sommernacht 1969, ich war drei Jahre alt, und Pater Aleksandar hörte mit meinem Großvater die Radiodirektübertragung der Mondlandung, obwohl er sie in seinem Zaostroger Kloster am Bildschirm hätte verfolgen können. Wir hatten keinen Fernseher, weil Großvater kein Fernseher ins Haus kam, sehr aggressiv und unnachgiebig vertrat er die Ansicht, der Apparat lenke zu sehr ab, mache fahrig und unkonzentriert, ruiniere das Privatleben und das Denkvermögen und was weiß ich noch.

Den ersten Fernseher kauften wir nach Nonos Tod im Herbst 1972.

Manchmal bedaure ich es, manchmal finde ich es gerade gut, dass ich die lange Unterhaltung über die Menschen auf dem Mond als Dreijähriger erlebte und vermutlich das eine oder andere zur Erinnerung hinzufüge; jedenfalls ist in dieser mehr Duft, Farbe und Eindruck als in vergleichbaren Erinnerungen aus dem späteren Leben.

Ich erinnere mich, dass sie im Lauf des Gesprächs zeitweilig draußen zwischen den Oleanderbüschen standen, in den Himmel schauten und redeten. Die See war ganz ruhig, es herrschte Windstille, und die Stimmen hallten bis aufs Meer hinaus; Nona sagte, sie sollten leiser sprechen, man wisse ja nie, wer so alles zuhöre. Am Ende käme noch das Gerücht auf, Schjor Frane habe Streit mit dem Pater.

Nono war konservativ: Die Raumfahrt war für ihn wie Schach, ein schönes, aber nutzloses Spiel, ein Zeitvertreib, der nur darum wichtig war, weil die Amerikaner die Sowjets ausstechen wollten.

Pater Aleksandar glaubte, dass der Mensch mit Gottes Hilfe zu den Sternen aufbreche.

Nono lachte und sagte, die Sterne sind weit, der Mond hingegen nah, zum Greifen nah, näher als Makarska, was ist schon dabei, wenn die Amerikaner vor den Sowjets in Makarska gelandet sind?

Sie genossen ihren Schlagabtausch, das meiste habe ich vergessen.

Ich hörte ihnen zu, bis ich sieben Jahre alt wurde, danach gab es Großvater nicht mehr. Für einige Dinge war ich zu klein, um sie mir zu merken oder um zu verstehen, worüber sie redeten, andere haben sich mir eingebrannt, allerdings eher die Atmosphäre, Farben und Empfindungen als Worte und Sätze, die man zu Papier bringen könnte.

Das Leben kennt jenes Extra, das für Menschen wichtig, vielleicht gar schicksalhaft ist, ihre Weltanschauung bestimmt, zur Identität wird, sich aber nicht in Worte kleiden lässt.

Wittgenstein hat vielleicht nicht recht: Es gibt etwas, was sich auf keine Weise sagen lässt, worüber man aber auch nicht schweigen kann. Die Literatur ist unter anderem der lebenslängliche, immer neu ansetzende Versuch, etwas zu sagen, für das es keinen Ausdruck gibt, von dem der Schriftsteller aber den Eindruck hat, es läge ihm auf der Zunge.

Eines der Bücher, auf die ich hinarbeite, seit ich mich unter die Schriftsteller gewagt habe, und wahrscheinlich niemals schreiben werde, wäre ein kurzer Roman, wie die erste Mondlandung vor dem Radio in Drvenik kommentiert wurde, im Grunde ein Zweipersonenstück mit meinem Nono und Pater Aleksandar. Daneben gäbe es noch einen Knaben, der schweigend dabeisitzt, und eine kreuzwortlösende Nona, die böse aufschaut, wenn die beiden im Eifer des Gesprächs laut werden. Der eine im Habit, der andere trotz Hochsommer im grauen Wollpullover mit Knopfleiste. Es riecht nach Kiefern und Coppertone, vom Zeltplatz auf der anderen Seite der Bucht dringen Lieder herüber, junge Leute singen zur Gitarre.

Das wäre der Roman, aber ich müsste einen Weg finden, um die Gefühle dieser Nacht zu übertragen, Erfahrungen, für die es keine Worte gibt, die nicht in konkreten Ereignissen bestehen, die sich nicht beschreiben lassen.

Von Gott redeten sie nicht.

Allen drei war klar, wer von ihnen welches Verhältnis zu ihm hatte.

Pater Aleksandar wollte mich einmal taufen. Die beiden lehnten es nicht ab, aber Nona sagte, man müsste meine Eltern um Erlaubnis bitten.

Die hatten nichts dagegen, wahrscheinlich haben sie die Achseln gezuckt.

Und einem Freund des Hauses erfüllt man gern einen Wunsch.

Keine Ahnung, warum mich Pater Aleksandar nicht getauft hat. Wahrscheinlich wollte er sich nicht aufdrängen, er hat die Taufe einmal erwähnt, später nicht mehr, und so haben es die Meinen vergessen. Dann, 1972, fing Nono an zu kränkeln, und als es Sommer wurde, war er nicht mehr.

Ich wüsste einiges über die Kroaten nicht, hätte mich Pater Aleksandar getauft. Über die Kroaten und darüber, wie das mit den Kroaten ist.

Natürlich konnte sich keiner von ihnen vorstellen, dass die Frage der Taufe für mich eines Tages lebenswichtig sein sollte und sich daran meine ganze Prinzipientreue messen lassen würde. Wäre ich kein Opportunist, hätte ich nicht nachgegeben, hätte ich darauf beharrt, zu sein, was ich sein wollte, wäre ich heute vermutlich kanadischer Staatsbürger und würde nicht mehr schreiben. Ich wäre zu verbittert, um Schriftsteller sein zu können.

Hätten sie das gewusst, hätten sie mich ganz sicher taufen lassen.

Aber zu der Zeit, Ende der Sechziger und Anfang der Siebziger, war Gott in ihren katholischen Leben, Seelen und Weltanschauungen so abwesend, und das Land, in dem sie lebten, wirkte wie die Ideologie seiner Regierungen so ruhig, ehern und beständig, dass sich keiner den Rückfall ins Mittelalter kaum zwanzig Jahre später vorstellen konnte, in eine Zeit, in der die Taufe die Identität eines Menschen definiert und von den Barbaren unterscheidet und in der Kroatien wie der Iran und Israel eine theokratische Republik werden sollte, in der zumindest ein Teil der Bevölkerung das Bürgerrecht ausschließlich über den Glauben an einen vorgeschriebenen Gott bekommen konnte.

Hätten sie das geahnt, mein guter Nono und die Nona, sie hätten mich ohne Zögern und nationales oder religiöses Bohei in der katholischen wie in der orthodoxen Kirche taufen und noch dazu beschneiden lassen.

Pater Aleksandar war ein Fanatiker, ein Partisan der ersten Stunde, dalmatinisch radikal im Vollsinn des Wortes. Als das Volk Savka und Tripalo hinterherrannte, gefiel ihm das nicht. Und als die Anhänger des Kroatischen Frühlings auf der Riva von Zaostrog ein großes Treffen veranstalteten, komplett mit Fahnen »ohne sozialistische Embleme«, verfluchte er sie lautstark. Später erwuchs daraus die bösartige, falsche, mir im Rückblick jedoch liebe Legende, er sei während des Treffens mit dem Gewehr auf seinen Kirchturm geklettert und hätte knapp über die Köpfe der verschreckten Demonstranten hinweg geschossen.

Ich liebe das Bild, auch wenn es erfunden ist, weil ich ihn ganz klar sehen kann, wie er da mit dem Gewehr auf dem Kirchturm steht, wie er zielt und schießt, ich kann mir die Menschen dazu vorstellen, wie sie mit ihren Fahnen über den Strand rennen, auf der Flucht vor dem wahnsinnigen Pater. Dieses völlig unblutige Bild wirkt, als hätte Federico Fellini in einem seiner mediterranen Meisterwerke Regie geführt.

Dass die Dorfbewohner Pater Aleksandar in ihrer hasserfüllten Geschichte auf einen Kirchturm stellen und ihm den Missbrauch des geweihten Raums vorwerfen, ist nicht nur von der Grundidee her militant atheistisch, es hat sich paradoxerweise zwanzig Jahre später tatsächlich so zugetragen. Um Verminung, Gewehr- und Artilleriebeschuss katholischer Sakralbauten, darunter alte slawonische Barockkirchen, zu rechtfertigen, wiederholte der Informationsdienst des Generalstabs der JNA im Sommer 1991 mit unzähligen Varianten die immer gleiche Geschichte von den »Ustascha-Terroristen«, die Kirchen und Kirchtürme missbrauchten, um von ihnen auf wehrlose Soldaten und Frauen, Kinder und Greise in den serbischen Dörfern zu schießen. Erst in Kroatien und dann auch in Bosnien wurde fast jeder Kirchturm mit diesem absurden Refrain zerstört.

Ungetauft war ich jedenfalls ein bisschen unkroatischer als andere Kroaten.

In Kriegs- und Krisenzeiten haben Identitätsbezeichnungen, die mit dem Präfix Un- beginnen, Hochkonjunktur. Ihren Ausgang nehmen die mit Un- zusammengesetzten Identitäten in Asylbewerberheimen, aber auch in Irrenhäusern.

Die menschliche Seele ist aus Papier gemacht. Ein Papier, auf dem Vor- und Zuname stehen, unterscheidet den Menschen vom Tier. Ohne Papiere ist er potenziell ein Geisteskranker. Nicht weil er verrückt wäre, sondern weil er radikal anders ist. Andersartigkeit bedroht Menschen und weckt ihr Misstrauen.

XXXVIII

Noch heute, wo ich mich daran gewöhne, keinen Vater mehr zu haben, daran, dass er tot ist und fast alle tot sind, die mich mit meiner Geburtsstadt verbinden, bekommen in Bosnien-Herzegowina geborene Kroaten nur auf eine Weise die kroatische Staatsbürgerschaft. Ihr Kroatentum ist weiterhin eine kirchliche Angelegenheit, und keiner lehnt sich dagegen auf – mal abgesehen von den klügeren unter den Geistlichen, die es weder für gerechtfertigt noch für gottesfürchtig halten, das Heilige Sakrament als Nachweis einer Staatsbürgerschaft zu nutzen, und außer mir und einigen wenigen, die ähnlich direkt betroffen sind, hat keiner je ein Wort gegen diese massive Demütigung geschrieben oder gesagt.

Es ist ja nachvollziehbar, dass die in Kroatien Geborenen kein Interesse an dem Problem haben; trotzdem sind Ausmaß und Aggressivität ihres Desinteresses erschreckend.

Vielleicht fangen sie erst dann zu überlegen an, wenn Brüssel eine Regelung anmahnt, die zu einem modernen Staat passt. Aber selbst dann werden sie sich nicht weiter darum scheren, wie sich einer fühlt, der sich taufen lassen muss, um sein Bürgerrecht zu beweisen.

Hätte mein Vater nicht blind und fanatisch an seine Berufung geglaubt, hätte er die Leukämie nicht für eine schlecht aufgestellte Figur in einer komplizierten Schachpartie gehalten, hätte er, der so viele Kranke sterben sah – und sie starben einen schrecklichen Tod, sind häufig rettungslos verblutet –, Gebete für hilfreich gehalten, hätte er geglaubt, außer dem Lebenswillen der Patienten und seinen eigenen Bemühungen könnte noch etwas helfen, dann wäre ich vermutlich zur rechten Zeit getauft worden und hätte als erwachsener Mann weniger über Gott und die Nation und über unsere gemeinsamen Identitäten nachgedacht, über das, was Vater und mich einte und was uns trennte.

Ich wäre vermutlich niemals darauf verfallen, dass er mich eigentlich nicht geliebt hat, ich vielmehr sein schlechtes Gewissen war. Und dass auch ich ihn nicht mit der Liebe eines Sohnes geliebt habe, sondern eher so, wie man eine literarische Figur liebt oder einen Menschen, den man gut kennt.

In gewissem Sinn kenne ich ihn überhaupt nicht.

Und andererseits kenne ich ihn wie mich selbst.

Sein langes Leiden, das mir gleichgültig hätte sein

können, war auch mein Leiden, wenn auch schmerzlos, wie unter Betäubung.

Zu viele seiner Mängel und menschlichen Unvollkommenheiten konnte ich an mir selbst beobachten. Er litt sehr oft unter seinen Mängeln, aber ich spürte sein Leid nicht, obwohl es das meine war.

Das ist nicht leicht, aber verführerisch.

Wie auch meine heutige Trauer etwas Verführerisches hat, in Gedanken wie im Leben, obwohl es nicht weh tut, dass mein Vater gestorben ist.

Andere Dinge schmerzen mehr.

Ihn beispielsweise sein Dekubitus.

Solange er in Pale und Sokolac seine Patienten besuchte, hielt er deren Angehörigen Vorträge über Dekubitus und wie man ihn vermeidet.

Die Leute hörten ihm verwirrt und mit offenem Mund zu und verwandelten seine Worte in Motive neuer Legenden im Zehnsilbenversmaß. Der Mensch lebt, und er wird leben, solange sich nicht am lebenden Körper Wunden öffnen. Wenn das geschieht, und es ist an den Angehörigen, es zu verhindern, dann ist ihm kaum noch zu helfen. Am Ende also ist er mit Dekubitalgeschwüren gestorben.

Viele dieser Gedanken hätte ich nicht gehabt, wenn sie mich getauft und am eigenen Atheismus gezweifelt hätten oder wenn Pater Aleksandar etwas aufdringlicher und aggressiver gewesen wäre.

XXXIX

Eine Fernsehsendung in den Tagen nach seinem Tod.

Ein großer, kräftiger Mann mit »arischen« Gesichtszügen, wie von Meštrović in Stein gemeißelt oder wie ein Legionär der Ustascha, der sich 1942 auf Stalingrad vorbereitet, spricht über die wechselseitigen, international anhängigen Völkermord-Vorwürfe von Kroaten und Serben. Er ist als ehemaliger Verteidiger des Heimatlandes Chef eines sogenannten Instituts für Geschichte.

Obwohl er unbestritten mit patriotischer Autorität auftritt, so dass ihn der Moderator als einzigen der fünf, sechs Teilnehmer der Diskussionsrunde niemals unterbricht, sondern seine Gedanken zu Ende formulieren lässt, hat er alle paar Sätze, die er mit Mühe zusammenstottert, das Bedürfnis, »ich als Historiker« einzuflechten.

Über die eine Autorität hinaus, die mit der Autorität von Partisanenhelden auf den Treffen der fünfziger Jahre vergleichbar ist und die zu bestreiten keiner im Kroatischen Fernsehen jemals wagen würde, selbst wenn dieser Verteidiger öffentlich den Unabhängigen Staat Kroatien preisen oder die Ustascha-Bewegung rühmen oder die Liquidierung der zwölfjährigen Aleksandra Zec rechtfertigen würde, erhebt der Mann Anspruch auf eine zweite, epische Autorität, die Autorität der Gusla beziehungsweise, da wir in Kroatien sind, eine wissenschaftlich-historische Autorität.

Wobei der Typ nicht zu denen gehört, die die Ustascha rühmen oder Verbrechen rechtfertigen würden, er ist nur an noch mehr Wertschätzung für die eigene Person interessiert, so wie sich ein guter Pionier unter Genosse Tito nach dem zweiten noch einen dritten Orden als Nationalheld wünschte. (Nebenbei bemerkt, ist es nicht ein Skandal, dass Josip Broz nur drei Mal zum Nationalhelden gekürt wurde? Nach dem zweiten Orden wirkte jeder weitere unzulänglich, egal, wie viele es wurden. Oder beließ man es bei der dreifachen Auszeichnung aus demselben Rückgriff auf die Symbolik der Heiligen Dreifaltigkeit heraus, dem auch France Bevk erlag?)

Der Verteidiger, der obendrein Historiker und faktisch Chef eines Phantominstituts ist, beschwört natürlich das Unrecht, das die internationale Gemeinschaft Kroatien und seinen Gefallenen angetan hat. Er hat kein Problem mit der serbischen Gegenklage. Für ihn ist sie Unsinn, darüber brauche man nicht zu reden. Sorgen bereitet ihm unsere Klage, denn die internationale Gemeinschaft habe, wie er sagt, einige Begriffe des internationalen Rechts neu definiert, und so hänge die »Messlatte für Genozid jetzt sehr hoch«.

Als er das aussprach, wurde im Studio keiner nervös. Der Moderator moderierte die Sendung ungerührt weiter, der Verteidiger/Historiker fuhr fort, seine Thesen darzulegen, die Zuschauer glotzten wie gehabt auf die

Bildschirme, und niemand ließ sich weder am nächsten noch in den folgenden Tagen anmerken, dass er die Phrase, die dieser Mann geschöpft und öffentlich geäußert hatte, gehört und verstanden hatte.

Die Messlatte für Genozid hängt jetzt sehr hoch.

Er hatte sagen wollen, dass die internationale Gemeinschaft – und internationale Gemeinschaft ist alles, was westlich von Kroatien über irgendetwas entscheidet, von der Eurovision bis zum Ausgang aller Kriege – nach der bosnisch-herzegowinischen Klage und der späteren kroatischen Klage gegen Serbien die juristische Interpretation des Begriffs Völkermord geändert hatte.

Er hatte es möglichst anschaulich ausdrücken wollen, denn erst die bildreiche Sprache, so glaubt man bei uns, macht den Intellektuellen, also auch den Historiker, aus, und da war ihm die kroatische und europäische Hochspringerin Blanka Vlašić eingefallen, die seit Jahren verkündet, dass sie den Weltrekord der Bulgarin Štefka Kostadinova brechen wird, ein Rekord aus der Zeit, als mein Vater zum zweiten Mal heiratete: Für Blanka hängt die Messlatte des Weltrekords »sehr hoch«. Aber sie strengt sich an, springt jede Woche bei einem anderen Wettkampf, und ganz Kroatien hofft auf den Tag, an dem Blanka die Rekordmarke überspringt, und auf die anschließende triumphale Heimkehr nach Zagreb und Split, die Ehrung durch den Staatspräsidenten, Empfänge beim Premier und Parlamentsvorsitzenden und alles andere, womit das kleine Kroatien seine größten Söhne und Töchter ehrt.

Schon interessant, wie unser Verteidiger/Historiker seine Rolle versteht.

Er sieht sich als Kollege von Blankas Trainer, er »trainiert« die Opfer des Kriegs um die Heimat, genauer, er trainiert die Toten, für die sich die Serben vor dem Internationalen Gerichtshof verantworten müssen, vorausgesetzt, Kroatien legt sich tüchtig ins Zeug.

Allerdings hat die internationale Gemeinschaft die Messlatte sehr hoch gehängt.

Aber Weltrekorde bricht man nicht alle Tage, also regen wir uns nicht allzu sehr über die internationale Gemeinschaft auf.

Was hieße es, wenn wir den Genozid nicht »realisieren« oder »erobern«? Dass die Opfer nicht hoch genug springen? Oder dass uns die Serben schon wieder übers Ohr gehauen und ein paar Leute zu wenig umgebracht haben?

Kein Zweifel, der Verteidiger/Historiker ist ein unsensibler, ziemlich dummer Mann.

Aber in Kroatien sagt ihm das keiner. Überhaupt gibt es in Kroatien nicht viele Menschen, die anderen Menschen zuhören und begreifen, was einer mit: »Die Messlatte für Genozid hängt jetzt sehr hoch« sagt.

Der Gedanke, dass solche Phrasen auf Unkenntnis oder mangelnder Kenntnis der Muttersprache beruhen, wäre tröstlich.

Aber nein, die Sprache spiegelt lediglich Gedanken und Gefühle der Sprecher.

Die Verurteilung Serbiens für den in Kroatien begangenen Völkermord wäre aus patriotischer oder genauer: nationalistischer Sicht mit Blanka Vlašićs hart erkämpftem Weltrekord vergleichbar. Und er wäre noch ein bisschen mehr als das.

Sollte Serbien wegen Völkermord verurteilt werden, würden damit in den Augen des Verteidigers/Historikers und seiner Gesinnungsgenossen alle verurteilt, die sich in Kroatien für die Zusammenarbeit und das Einverständnis mit Serben und Serbien einsetzen. Das wäre ein Riesenerfolg. Und die Garantie, dass zwischen Kroaten und Serben auf ewig eine gewaltige Mauer hochgezogen würde, mit Stacheldraht obendrauf, durch den der Wechselstrom eines Serben kroatischer Herkunft, Nikola Tesla, geschickt würde.

So sieht derzeit die Wahrheit über ein Land aus, das die Verantwortung für die Tatsache hätte übernehmen sollen, dass mein Vater fünfundvierzig Jahre seines Lebens als Kind einer Ustascha-Familie stigmatisiert wurde.

Doch dieses Land weist die Verantwortung von sich; seine besten Söhne, jene, die es 1991 verteidigten, weisen die Verantwortung von sich. Stattdessen streiten sie sich mit den ehemaligen Kriegsgegnern um den Weltmeistertitel für Völkermord, um den Wanderpokal, der dem großen kroatischen Namen Satisfaktion für alle vorangegangenen Verbrechen bietet. Denn wenn Serbien für den Genozid in Vukovar, Ost- und Westslawonien, der dalmatinischen Zagora, der Lika, Škabrnja und Drniš verurteilt würde, dann sind Jasenovac, Jadovno und

Kozara und auch die aus Zagreb deportierten Serben und Juden kein Thema mehr, dann darf man ungeniert Ustascha-Lieder singen und Ante Pavelić preisen.

So stellt sich unser Verteidiger/Historiker, so stellt sich die nationalistische Elite Kroatiens die Verurteilung wegen Genozid vor dem Internationalen Gerichtshof in Den Haag vor, nur deswegen, so glauben sie, betreibe der kroatische Staat das Verfahren.

Die fünfundvierzigjährige Schuld meines Vaters ist ihnen egal.

In ihren Augen ist er heute aus anderen Gründen schuldig. Er ließ sich weder bekehren noch sagte er sich 1990 in den letzten Tagen des Kommunismus von allem los, was er fünfundvierzig Jahre lang gewesen war. Er akzeptierte nicht, dass seine Biografie bis zur Unkenntlichkeit umgeschrieben wurde, er tauschte nicht eigene gegen fremde Erinnerungen ein, glaubte nicht an das serbische Joch. Er ging weiterhin gesenkten Hauptes, statt sich im neuen Wind ob seiner kroatischen Herkunft in die Brust zu werfen. Dabei war er kein mutiger Mann, er war schwach und feige, in allen Lebensbereichen gedemütigt, der ideale Opportunist in der großen Zeit unserer Lebensspanne, einer Zeit, von der wir fortwährend sprechen werden, dem Zeitalter des kommunistischen, titoistischen Jugoslawien. Vater war ganz und gar seiner Generation verhaftet, aber er hat nie falsch Zeugnis abgelegt.

Hätte er es getan, hätte er beispielsweise im Sommer 1990 mit mehreren tausend anderen bosnisch-herzegowinischen Kroaten auf jener feierlich-vorapokalypti-schen Versammlung im Skenderija die HDZ mitgegrün-det (wie schon 1941 kam der Anstoß dazu aus Zagreb), hätte er auf dem Podium an der langen Tafel, zwölfmal länger als die Tafel, an der sich Jesus Christus mit seinen Jüngern zum letzten Abendmahl niederließ, den Platz eingenommen, der ihm aufgrund seiner Verdienste, sei-nes Rangs unter den Kroaten aus Sarajevo und seines Märtyrerstatus als Ustascha-Spross zweifelsfrei zustand, hätte Vater das getan, er hätte mich furchtbar ent-täuscht. Es hätte mir das Äußerste an Selbstbeherr-schung abverlangt; vermutlich wäre ich unfähig gewe-sen, zu verschweigen, was zu verschweigen sich gehört hätte; ich hätte, bedrängt von dem schrecklichen Bild, mit ihm wie früher so manches Mitglied des Bundes der kommunistischen Jugend Jugoslawiens als einem Ver-räter abgerechnet.

Als Korrespondent der Spliter *Nedjeljna Dalmacija* war ich an jenem Augustnachmittag im Skenderija, ich habe miterlebt, was im Fernsehen oder in den Zeitun-gen viel harmloser daherkam.

Männer in altmodischen Anzügen, mit zerschlisse-nen Krawatten, übermüdet und aufgedunsen, frisch aus Kanada, Australien, Amerika, Neuseeland, Tasmanien eingeflogen, wollten im Vaterland, das sie zum ersten Mal besuchten, dessen Sprache sie kaum verstanden, einen Aufstand gegen den Kommunismus, der nicht mehr existierte, lostreten und ihrem kroatischen Volk das serbische Joch vom Halse schaffen.

Damals hörte ich den Ausdruck »serbisches Joch«, der seit Monaten in gewissen Zagreber Tageszeitungen zu lesen war, zum ersten Mal mit eigenen Ohren und war fassungslos, wie ihn diese Männer, die noch nicht einmal richtig Kroatisch konnten, mit ihrem englischen Akzent im Brustton der Überzeugung verwendeten.

Ich war sehr jung, das Syntagma hatte für mich nicht denselben Beiklang wie heute, ich konnte nicht ahnen, wohin es führen sollte, aber ich hätte die Redner auf dem Rückweg von der Bühne liebend gern am Ärmel gezupft und ihnen gesagt, dass sie kein Recht zu solchen Reden hatten, vielleicht sei es früher mal so gewesen, aber heute bestimmt nicht mehr, sie müssten nur durch Sarajevo gehen und die Menschen fragen, wer welcher Nation angehört und was sie bedrückt und wer sie unterdrückt, dann würden sie ihren Irrtum schon selbst erkennen …

Das habe ich natürlich nicht gemacht, aber ich hatte tatsächlich das Bedürfnis, die Sache aufzuklären. Was hätte ich getan, wenn mein Vater zu diesen Leuten gehört hätte?

Zwanzig Jahre später, an einem Sonntag, an dem er im Kühlraum des Krankenhauses liegt, tot wie die Unbekannten, die er mir als Dreizehnjährigem gezeigt hat, und auf seine Beerdigung am Mittwoch wartet, interessiert mich an dem Syntagma »serbisches Joch« nur das Bild, das der Ausdruck vor Augen stellt und für das ich als junger Mann blind war.

Die Vaterlandsliebhaber aus der großen, weiten Welt

hielten ihr liebes Volk, das sie bei der Ankunft in Buti-mir, dem Flughafen von Sarajevo, zum ersten Mal tra-fen, für Ochsen. Wer, wenn nicht ein Ochse, würde egal welches Joch tragen?

Mein Vater hätte damals im Skenderija unter den Rednern sein und wie Davor Perinović ein Loblied auf den Unabhängigen Staat Kroatien und Ante Pavelić singen können. Perinović kandidierte mit dieser Rede für den Vorsitz der Partei und bekam die Mehrheit der Stimmen. Mein Vater hätte wie der berühmte Zagreber Linguist Dalibor Brozović, ein gebürtiger Bosnier, von Tuđman beauftragt, der Versammlung seine Grüße zu übermitteln, ins Mikrofon brüllen können, nie wieder werde ein Serbe einem Kroaten in die Tasche greifen. Oder er hätte wie die Mehrheit schweigend im Saal sit-zen können, das Parteiabzeichen am Revers.

Er hätte sich in den folgenden Monaten und Jahren darauf berufen können, dass ihn seine Patienten, die Serben der Romanija, an deren Betten er einen Teil sei-ner Lebenszeit verbracht hatte, verraten und verkauft haben.

Seine Aussagen wären gut aufgenommen worden, viele Journalisten aus Zagreb und später auch aus Sara-jevo hätten sie zu schätzen gewusst, er hätte seine Bio-grafie zu einem der gelungeneren kroatischen patrioti-schen Bänkellieder umdichten können. Man stelle sich die Story nur vor: Ein Kroate aus ehrbarer, armer, gottes-fürchtiger Familie wird Arzt in Sarajevo und behandelt trotz aller Peinigung durch Tschetniks und Kommunisten dreißig Jahre lang mindestens vier Tage pro Monat Kinder und Enkel ehemaliger Tschetniks sowie diese Tschetniks selbst, ja, er opfert ihnen sogar seinen Jahresurlaub. Und dann explodiert im Krieg eine Granate in seinem Wohnzimmer.

Er tat es nicht, und so hielten sie ihn für einen Serben.

XL

Tante Mila und Onkel Bude wohnten in der Palmiro-Togliatti-Straße in Neu-Sarajevo.

Tante Mila war das schwarze Schaf in Vaters Familie, weil sie vor dem Zweiten Weltkrieg von zu Hause ausgerissen war und einen Serben geheiratet hatte.

Onkel Bude war hoher Postbeamter und sprach selbst nach einem halben Jahrhundert in Bosnien noch Ekavisch. Er vertrat damit weder einen Standpunkt noch wollte er sich von der Masse abheben. Mlijeko (Milch) war für ihn eben mleko, der Schnee (ijekavisch snijeg, ekavisch sneg), der die Altstadt einschneite, war für ihn schön (lijep/lep), weil ihn nicht einmal die schrecklichen Jahre des Zweiten Weltkriegs gelehrt hatten, sich zu verstellen, sei es, dass er dazu unfähig war, sei es, dass er die damit verbundene Demütigung nicht akzeptierte.

Als junger Mann wechselte er häufig den Dienstort, er leitete Postämter in Kroatien und Bosnien und lebte in den Tag hinein. Er war groß, schön und elegant, ein Bonvivant nach den Maßstäben seiner Zeit.

Er und seine Frau lebten weit weg vom eisigen Dunkel ihrer Familie.

Das war vor dem Krieg im Königreich Jugoslawien.

Neben Ausbildung und Laufbahn im Postdienst war Budimir Dimitrijević Thessaloniki-Veteran. Er hatte einen militärischen Rang, besaß eine Paradeuniform mit Säbel und den Karađorđe-Stern Zweiter Klasse; in der Epoche von Charleston und lateinamerikanischen Tänzen, Rodolfo Valentino und Marijan Matijević – dem stärksten Mann der Welt – war er ein angesehener, geschätzter Mann. Wie jeder Postbeamte, der etwas auf sich hielt, sammelte er Briefmarken.

Er und seine Mila hatten für Kommunisten und Ustaschas nichts übrig, Mussolini und Hitler waren bloß Figuren aus Pjero Križanićs Karikaturen in der *Politika*, die er sein Leben lang las, der Krieg, der immer näher kam, war eine traurige, bedenkliche Sache, aber man durfte weder die Hoffnung aufgeben noch den Glauben verlieren. Auch dieser Krieg würde Veteranen hervorbringen, die an Staatsfeiertagen ihre Orden und Paradeuniformen ausführen würden.

So dachte er.

Wer konnte schon ahnen, dass dieser Krieg anders als alle seine Vorgänger sein würde, dass er nicht nur blutiger, sondern auch intimer werden und Familien entzweien würde. Die Front kletterte den Familienstammbaum und das Rückgrat der Menschen hinab, bis der

Krieg nicht mehr von einem Frieden beendet werden konnte, sondern nur noch von einem lange schwelenden Waffenstillstand.

Mila versteckte Bude vor der Ustascha, und ihre Schwestern wollten weiterhin nichts mit ihr zu tun haben. Nur Paulina Slavka, die Nonne, die wirklich an Gott glaubte, betete für die Schwester und deren Mann, half ihnen aber auch auf durchaus praktische, konkrete Weise.

Onkel Bude war den neuen Umständen nicht gewachsen.

Er begriff nicht, in was für einer Lage er sich befand, er begriff nicht, dass die Ustascha die Serben tatsächlich so hasste, wie man sich erzählte, er brachte das ijekavische »ije« nicht über die Lippen, deswegen verbot ihm Tante Mila, auf ihren Spaziergängen den Mund aufzumachen, und er gab sich redlich Mühe.

Aber dann sah er eine junge Frau, die einen Kinderwagen schob, der Tag war schön und sonnig und die Frau lächelte.

»Ach Milica, schau das schöne [lepo!] Kind [dete!], wie ein weißes [beli!] Engelchen!«, sagte er laut genug, damit die Mama sein Kompliment hörte, aber leider auch deren Begleiter, ein dicklicher Blondschopf in der Uniform eines Heimatschutzleutnants.

Am Ende ließ sie ihn nicht mehr aus der Wohnung, es war zu gefährlich.

Sie hütete ihn wie eine kostbare, teure Sache. Er war die meiste Zeit völlig passiv und sich der Gefahr, in der er schwebte, nicht bewusst. Dass sie ihn retten konnte, grenzt an ein Wunder.

Onkel Bude war redselig. Er redete gern über alles und jedes, nur nicht über Sarajevo in der Zeit des Zweiten Weltkriegs. Diese Zeit verwirrte ihn, als hätte er sie nicht in Sarajevo erlebt oder im Vollrausch verschlafen; er wusste nicht, was er darüber hätte erzählen sollen.

Aus seiner Sicht war der Zweite Weltkrieg ein einziges Missverständnis, in dem nicht Armeen gegeneinander kämpften, sondern er und einige andere Menschen, überwiegend Zivilisten, bekriegt wurden und sich auf Dachböden und in Kellern verstecken mussten. Von dieser Zeit erzählte Tante Mila, er hielt den Mund.

Nach dem Krieg, als zwei Schwestern im Gefängnis, zwei weitere in Argentinien landeten und die fünfte im Kloster war, söhnten sich die Schwestern ein wenig mit Mila aus. Sie hatten ihr mitnichten verziehen, dass sie einen Serben geheiratet hatte, aber es ließ sie nicht kalt, dass sie sich um sie kümmerte, während sie im Gefängnis waren, und Dobro, meinen Vater, in dieser schweren Hungerzeit unterstützte.

Tante Mila Dimitrijević war ein ungewöhnlicher Mensch, ganz untypisch für die Jergovićs, schade, dass ich im Genroulette nicht ihren Charakter oder wenigstens ein bisschen von ihrem Naturell geerbt habe.

Unerschrocken versteckte sie ihren Mann vor der Ustascha, ebenso unerschrocken half sie den Schwestern, den Staatsfeindinnen, im kommunistischen Sarajevo und besuchte sie im Gefängnis in Zenica. Und das

1946/47, zu einer Zeit, in der die Obrigkeit kaum zwischen Feind und Angehörigen unterschied. Es wurde erwartet, dass man sich von Staatsfeinden lossagte.

Mehr noch beneide ich Tante Mila um die unzerstörbare Würde, mit der sie den Schwestern verzieh, dass sie sie während des Kriegs mit der Angst um Onkel Bude allein und sie beide hungern ließen.

Heiter und unbeschwert, als würde sie in einem dekadenten Belgrader Vorkriegslokal Charleston tanzen, verzieh sie ihnen, dass sie ihr nie die Hochzeit mit einem Serben verziehen.

Tante Mila ließ sich nicht demütigen.

Nach der Entlassung aus dem Gefängnis half sie den Schwestern zurück ins Leben und in die neue Gesellschaftsordnung, die beide entgegen ihren Erwartungen, Hoffnungen und Gebeten nicht überlebten.

Sarajevo liegt, auf drei Seiten von Bergen umschlossen, in einem Kessel; die Stadt ist mindestens fünfhundert Kilometer von der nächsten Staatsgrenze entfernt und Bosnien das Land, in dem sich der blutigste Abschnitt des Volksbefreiungskampfes und der sozialistischen Revolution und ein unfassbar großer Teil des Völkermords an Serben und Juden abspielte; Stadt und Land waren für die beiden Schwestern wie ein Gefängnis. Sie standen am Pranger, waren wie die anderen Staatsfeinde Ausstellungsexponate des realen jugoslawischen Sozialismus. Die ganze Stadt labte sich an ihrer Schuld, gegen die das eigene reine Gewissen besonders gut zur Geltung kam. Wer wollte, konnte kommen und sehen, dass frei herumlaufen konnte, wem Bewegung und Partei großherzig verziehen hatten.

Zudem gehörten die Schwestern in Sarajevo zu der verachteten, durch die Ereignisse diskreditierten kroatischen Minderheit; da wog eine Ustascha-Vergangenheit viel schwerer als beispielsweise in der westlichen Herzegowina oder der Posavina, in denen mehrheitlich Kroaten wohnten. Das heißt nicht, dass Staatsfeinde dort geringeren staatlichen und polizeilichen Repressionen ausgesetzt gewesen wären. (Im Gegenteil, bis zu dem emanzipatorischen Aufbruch unter Džemal Bijedić Mitte der sechziger Jahre wurde die westliche Herzegowina von einer im Zeichen der Rache wahllos zuschlagenden Polizei terrorisiert, die Menschen aus dieser Gegend hatten keinerlei Möglichkeit, sich ins System zu integrieren, höchstens im Gefängnis.) Aber da, wo Staatsfeinde zur nationalen Mehrheit gehörten, galten sie nicht als Schmarotzer oder Exemplare einer exotischen, unerwünschten, nicht integrierten und unangepassten Gesellschaftsschicht. Wo sie die Mehrheit bildeten, konnten sie sich wie alle anderen mit ideologischer Mimikry bei den neuen Machthabern einschmeicheln, die Ergebnisse eigener Umerziehungsbemühungen zur Schau stellen oder sich einfach in der Masse verlieren.

In Sarajevo war ihnen das aus einem weiteren Grund nicht erlaubt, über den bis heute nicht gesprochen oder geschrieben wird.

Es stimmt wohl, dass die Kroaten nach dem April 1945 in Sarajevo eine wenn auch große Minderheit waren. Nur: Vielleicht noch im März 1945, jedenfalls bis zu dem Augenblick, als sich klar abzeichnete, wer den Krieg gewinnen würde, stellten sie die überwiegende Mehrheit.

Ante Pavelić betrachtete die bosnischen Muslime als »des kroatischen Stammes und Volkes Blüte«, und die meisten Muslime in Sarajevo, eigentlich alle, die nicht den Partisanen angehörten oder dem statistisch vernachlässigbaren Grüppchen religiöser Intellektueller, die sich illegal für nebulöse Formen nationaler Abspaltungen einsetzten, akzeptierten die ihnen angebotene nationale Zugehörigkeit bereitwillig. Das betraf sowohl die, die im Prinzip gegen die Ustascha-Verbrechen waren, wie auch die Mehrheit jener, die sich wie die Mehrheit jedes Volkes im Frieden wie in Kriegszeiten passiv verhielt.

Darin kam nicht nur ein sozialer und existenzieller Opportunismus zum Ausdruck, es fiel den bosnischen Muslimen damals nicht besonders schwer, ein solches Angebot anzunehmen, weil sie – und das ist im Grunde das Wichtigste – auf nichts verzichten mussten, weil sie sich selbst noch nicht national definiert und abgespalten hatten.

Doch mit dem Tag, als die Partisanen in die Stadt kamen, wechselte die Logik der Opportunität. Plötzlich stand keinem vernünftigen Menschen mehr der Sinn danach, Kroate zu sein. Es sei denn, er war tatsächlich Kroate. Und die echten Kroaten waren wie vor dem Krieg schon in der großen Mehrheit Katholiken. Leicht hatten die Sarajever Muslime Pavelić's Angebot angenommen, noch leichter sagten sie sich davon los. (Während man für Menschen egal welcher Glaubensgemeinschaft, die Ustascha-Uniformen anzogen, nur schwer Verständnis aufbringen kann, hat man keinen Grund, sich darüber aufzuregen, dass Menschen, wenn nötig, eine nationale Zugehörigkeit, egal welche, übernehmen und später wieder ablegen.)

Fünfundvierzig Jahre später, als die Geschichte neu geschrieben, erfunden und gefälscht wurde, behaupteten jene, die im August 1990 den feierlichen Gründungskongress im Skenderija abhielten, voller Wut und Trauer, die Entkroatisierung der bosnischen Muslime sei auf Druck der Partisanen oder genauer gesagt der Serben unter den Partisanen erfolgt. Als hätten die Serben im April 1945 den Muslimen beim Einmarsch in Sarajevo befohlen, nicht länger Kroaten zu sein, und die Muslime hätten ihnen gehorcht.

Es war nicht nur leicht und billig, sich von etwas loszusagen, womit man sich als Muslim nicht sonderlich identifizierte, die Abwendung vom Kroatentum hängt – auch wenn die Menschen das nicht wussten oder sich dessen nicht bewusst waren – ebenso mit dem Begriff der kollektiven Verantwortung zusammen. Natürlich kam in einer ganzen Reihe von Fällen eine konkrete persönliche Schuld hinzu, denn auch Muslime, die wie meine Großmutter und deren Schwestern in irgendwelchen Ustascha-Einheiten, deren stehenden oder beweglichen militärischen und politischen Formationen aktiv gewesen waren, hörten auf, sich Kroaten zu nennen. Denn wer kein Kroate ist, der, so dachten sie, kann nicht als Ustascha angeklagt werden.

Die entflammte Truppe im Skenderija verzieh es ihnen nicht, auch wenn sie im selben Sommer die Parteiflagge symbolträchtig mit der der muslimischen SDA verknotete. Noch eine zum Scheitern verurteilte Freundschaft ...

Auch Franjo Tuđman verzieh den Muslimen die Entkroatisierung nicht und äußerte zwischen 1989 und 1991 in fast jedem seiner Interviews mit in- und ausländischen Zeitungen, eine selbstständige muslimische Nation in Jugoslawien sei ein Hirngespinst der Kommunisten und Bosnien-Herzegowina ein künstliches Gebilde, entstanden infolge der osmanischen Eroberung, in Wirklichkeit handele es sich um ehemals kroatisches Land, und die bosnischen Muslime seien in Wirklichkeit Kroaten. Als die Muslime ihre neuerliche Kroatisierung ablehnten, errichtete Franjo Tuđman mit Hilfe der kroatischen Armee und der Geheimdienste in der Herzegowina eine Reihe von Konzentrationslagern, in denen alle Muslime aus Dörfern und Kleinstädten ohne Rücksicht auf Geschlecht und Alter zusammengefasst wurden. Die Lager wurden erst geschlossen, als die Amerikaner Kroatien ernsthaft dieselben Sanktionen wie gegen Serbien androhten. Das war Anfang 1994. Aber viele, wahrscheinlich die meisten Menschen aus Tuđmans Konzentrationslagern kehrten nicht heim, sondern landeten im Exil, überwiegend in skandinavischen Ländern.

Letztlich impliziert die Tatsache, dass sich die Kroaten 1945 in der letzten Phase der Bildung ihrer Nation und der vorübergehenden Auslöschung der jahrhundertealten Phantomvorstellung des Kroaten muslimischen Glaubens über den Begriff der kollektiven Verantwortung definierten, etwas Modernes, Wichtiges und Tiefgründiges, und wie die Kriege der neunziger Jahre zeigen, können die Kroaten immer noch nicht damit umgehen.

Obwohl wir keine Täter sind, das heißt, nur einige von uns Täter sind, hat unser großes Verbrechen uns zu dem Volk gemacht, das wir sind. (Diese Tatsache hat etwas so Intensives, dass ich mich, fast ohne es zu wollen, zum ersten Mal in den kroatischen grammatischen und nationalen Plural einbeziehe. Schließlich kann und muss man sich von der Nation abgrenzen, solange sie etwas oder jemanden feiert, aber es wäre schändlich, sich aus ihrer Verantwortung zu stehlen. Schließlich verwahren sich gerade die schlimmsten Nationalisten gegen diese Verantwortung. Igor Zidić beispielsweise, Kunsthistoriker und gefeierter Leiter der Matica Hrvatska, einer Institution, die seit der Jahrtausendwende in einem fast schon museumsreifen Nationalismus à la Josip Frank versinkt, führt ständig »Wir Kroaten« im Munde, nur nicht in den seltenen Augenblicken, in denen ihn ein Fernseh- oder Printjournalist zwingt, sich zu den kroatischen Verbrechen während des Zweiten Weltkriegs zu äußern. Dann quetscht sich Zidić entsprechend der herrschenden Gepflogenheiten zwei, drei Worte über »diese Ustascha« ab.)

Aber aus der Tatsache, dass sich die Kroaten national über Verbrechen definierten und abgrenzten, folgt nicht, dass sie schlechter sind als andere Völker – womöglich von denselben Umständen verführt, die andere vor dem Bösen bewahrten –, vielmehr wäre der richtige Schluss ein anderer: Eine solche historische Bürde fordert von den Kroaten oder genauer von der kroatischen Gesellschaft entweder mehr Verantwortung als von anderen Völkern, oder sie charakterisiert sie als Abschaum.

Das ist die Alternative, vor der sie seit Abschluss ihrer Nationwerdung 1945 stehen.

In Sarajevo wurden sie nach 1945 gleich doppelt verachtet: als Angehörige einer kompromittierten Nation, von denen nicht wenige sehr kreativ und aus eigenem Antrieb für die Achsenmächte tätig waren. Zweitens als ehemalige Volksgenossen der Muslime, die im Gegensatz zu ihnen ihre zeitweilige nationale Zugehörigkeit und damit zugleich jede persönliche wie gemeinschaftliche Verantwortung für die Ustascha-Verbrechen abstreifen konnten.

Die einen verachteten sie also als ehemalige Kriegsgegner, während die anderen, die selbst auf der Seite der Ustascha gestanden hatten, sie oft noch stärker als ehemalige Mitstreiter verachteten.

In gewisser Hinsicht befanden sich die Muslime

Sarajevos wie auch ein Großteil der bosnisch-herzegowinischen Muslime nach dem Zweiten Weltkrieg in derselben Rolle wie die Österreicher. Die wollten auch nichts mit Hitler oder dem Fakt, dass sie sich ein paar Monate zuvor noch als Deutsche fühlten, zu tun gehabt haben. Ganz ähnlich grenzten sich die Muslime von Pavelić und ihrem Kroatentum ab.

Die Situation der Kroaten von Sarajevo hätte nach dieser Analogie der einer fiktiven deutschen Minderheit in Wien entsprochen. Wie hätte sich eine deutsche Minderheit in Wien gefühlt, hätte es sie gegeben?

Meine Großmutter Štefanija und ihre Schwester Marija hatten es gewiss nicht leicht.

Schon vor dem Krieg waren sie bettelarm gewesen, Arbeit bekamen sie nur sehr schwer: In den Jahren nach dem Krieg dürften sie häufiger hungrig als satt gewesen sein. Ich kann mir nicht vorstellen, wie mein Vater unter diesen Umständen Medizin studieren konnte, welche Freunde er hatte, was er dachte und fühlte, wie er sich selbst verstand. Welche Identität hatte er, außer der, Arzt zu sein?

XLI

Zwischen Mitte der vierziger und Anfang der siebziger Jahre verschob sich die Zusammensetzung der Kroaten in Sarajevo auf interessante Weise.

Die meisten, die im Unabhängigen Staat Kroatien kollaboriert hatten, einschließlich jener, die in irgendeiner Form lediglich am öffentlichen Leben teilgenommen hatten, aber nicht rechtskräftig als Kollaborateure verurteilt wurden, suchten und fanden Mittel und Wege, um wegzuziehen, überwiegend nach Zagreb oder in andere Teile Kroatiens.

Dasselbe gilt auch für rechtskräftig Verurteilte, die nach Verbüßen der Haft entlassen wurden. Es blieben die, die zu arm waren und keinen kannten, der sie aufgenommen hätte, und die Sarajlis, die während des Kriegs mit den Partisanen oder der Untergrundbewegung zusammengearbeitet hatten.

In gewissem Sinn war es ein natürlicher Prozess: Die Minderheit zieht vor allem in Krisen und Revolutionen dorthin, wo sie die Mehrheit stellt.

Aber während die einen fortzogen, zogen andere Kroaten, oft strafversetzt, in die Stadt.

Literarisch besonders ergiebig und anschaulich ist wohl die Geschichte der klassischen Musiker.

Aus seltsamen, schwer erklärbaren Gründen engagierte sich diese Zunft im Unterschied beispielsweise zu den Schauspielern mehrheitlich auf Seiten der Ustascha. Ihr Einsatz war nicht sonderlich schwerwiegend und beschränkte sich in der Regel auf propagandistische Dienste, gelegentliche Auftritte in Heimatschutzuniformen (seltener auch Ustascha-Uniformen) und Konzerte in Berlin und Wien, mit denen dem Publikum des tausendjährigen Reichs die jahrtausendealte kroatische

Kultur und Zivilisation vorgeführt wurde. (Heute, im neuen kroatischen Staat, erinnert mich das Verhältnis der Herrschenden zu Sport, Sportlern und internationalen Medaillen an den musikalischen Werbefeldzug des Unabhängigen Staates Kroatien. Anders als Pavelićs Propaganda will die heutige Regierung nicht mehr beweisen, dass die Kroaten zu den kultiviertesten Völkern Europas gehören, wohl weil sich die kroatische Kultiviertheit seit Pavelićs Zeiten von selbst versteht, aber sie will nach derselben Masche und mit derselben Geringschätzung aller anderen Kroaten als die weltweit stärksten, geschmeidigsten und für alle Sportarten begabtesten Menschen herausstreichen. Natürlich ist die Republik Kroatien nicht mit der mörderischen, verbrecherischen Maschinerie des Unabhängigen Staates Kroatien vergleichbar, wohl aber Propaganda, Marketing und Mentalität der herrschenden Klasse.)

Merkwürdigerweise behandelten die Revolutionsgerichte die Verfehlungen der Musiker milde. Während Journalisten, Schriftsteller oder Kulturarbeiter für vergleichbare Taten mit langjährigem Zuchthaus bestraft wurden, mit dem gesellschaftlichen, manchmal sogar dem physischen Tod, wurden die meisten Musiker nach wenigen Monaten entlassen und in die Provinz geschickt, gewöhnlich nach Sarajevo, manche auch nach Skopje, um dort das Musikleben zu bereichern und kulturelle Institutionen aufzubauen.

So mutierten die ehemaligen Kulturträger des Unabhängigen Staates Kroatien, die den Führer unterhalten,

Fronturlauber ertüchtigt oder den Nazis in Berlin ein fünfminütiges Potpourri der bedeutendsten Werke der kroatischen Musikgeschichte vorgespielt hatten, zu kommunistischen Aufklärern, die den Partisanen in Sarajevo beibrachten, dass man zwischen den Sätzen einer Sinfonie nicht applaudiert.

Sie stellten die erste Oper auf die Beine, gründeten die Musikakademie, organisierten das musikalische Leben in den Arbeiterkollektiven, am Fließband und in der Schwüle von Livno, arrangierten aber auch Kampflieder der Partisanen nach Maßgabe der traditionellen Harmonielehre, komponierten zu Texten der wichtigsten Revolutionsdichter Oratorien und schufen den Soundtrack einer Epoche.

Offenbar hatten die Kommunisten Vorurteile gegen musizierende Menschen, und diese Vorurteile retteten so manchem Zagreber Musiker den Kopf.

Für die Kommunisten besaß Musik keine intellektuellen, ideologischen oder moralischen Inhalte. Musiker unterhalten jeden, der sie bezahlen kann. Sie unterhalten jeden, der an der Macht ist. Die Herrschenden wechseln gelegentlich, die Schwarzen gehen und die Roten kommen, die Musiker bleiben. Sie blieben natürlich auch nach 1945. Oder wurden nach Sarajevo geschickt, um Bazar und Bach näher zusammenzubringen.

Die Kommunisten hielten Dichter, Literaturübersetzer, Philosophen für bedeutsamer als Musiker. Schon aus Achtung schlugen sie ihnen die Köpfe ab, obwohl sie sich in geringerem Umfang für das Regime engagiert hatten.

Bis Kriegsausbruch 1992 und noch kurze Zeit danach war die Musikakademie eine der wenigen Institutionen, an der Kroaten, obwohl zahlenmäßig die kleinste Gruppe in Sarajevo, die absolute Mehrheit stellten.

Das waren nicht mehr die aus Zagreb vertriebenen Musiker, die Bosnien für die Partisanen kulturell missionieren sollten, sondern ihre Söhne und Töchter, Nichten und Neffen, ja, ganze Familiendynastien, aber auch einheimische bosnische Kroaten.

Und weil das Musikleben Sarajevos nach dem Zweiten Weltkrieg von Zagreber Sündern beherrscht wurde, verankerte sich die Überzeugung, Gott habe alle Kroaten und Katholiken mit musikalischem Talent gesegnet, tief in der hiesigen Mentalität.

Fagott und Violoncello gehören zum Kroaten wie die Fiedel zum Zigeuner. Es ist verrückt, aber man muss hundert Kilometer zwischen sich und Zentralbosnien bringen, bevor das musikalische Ausnahmetalent der Kroaten an Relevanz verliert.

Bis zum Krieg hatten die klassischen Musiker von Sarajevo sogar eine eigene Metasprache.

Abgesehen von der gewählten, oft radikal kroatischen Lexik gehörte ein charakteristischer Akzent dazu, der sich gegen die lokale Aussprache behauptete und stärker als die gewählteste Ausdrucksweise unterstreichen sollte, dass sich der Sprecher vom Rest der Welt abgrenzte und unterschied.

Dieser Akzent war eine anrührende Imitation oder Interpretation des Zagreber Dialekts beziehungsweise der Sprechweise der alten, längst verstorbenen Lehrer.

Die Metasprache hatte zudem eine eigentümliche Melodie. Die Sprecher näselten in der Überzeugung, das wirke besonders vornehm, als hätten sie eine verkrümmte Nasenscheidewand oder könnten jeden Moment in Tränen ausbrechen, so dass die klassischen Musiker Sarajevos ein wenig an katholische Priester und Bischöfe erinnerten, die ebenfalls beharrlich wie mit halb verstopfter Nase reinstes Kroatisch redeten.

Die musikalische Metasprache böte Stoff für einen Roman über die Geschichte der klassischen Musik in Sarajevo. Schön würde das Buch und traurig dazu. Schön und traurig wie ein Buch über die Armenier oder über die Griechen in Izmir.

Zur gleichen Zeit wie die Musiker trafen weitere gebildete kroatische Kader aus Zagreb in Sarajevo ein, die ebenfalls aus den Ruinen des Kriegs in verschiedenen Gesellschaftsbereichen Aufbauarbeit leisten sollten.

Aber nur die Musiker waren strafversetzt.

Die meisten anderen kroatischen Zuwanderer – überzeugte, regimetreue Partisanen und Kommunisten – brachten Industriebetriebe wieder in Gang, wirkten bei der Gründung der Universität mit, wurden die ersten Inhaber von Lehrstühlen an den Fakultäten für Philosophie, Architektur, Veterinärmedizin, Humanmedizin und so weiter.

Mit diesen Kroaten hatten Großmutter Štefanija und

ihre Schwester nichts gemein. Nicht einmal mit den Musikern, die wie sie an den Poglavnik geglaubt hatten, allerdings in Zagreb: Ihre Schuld hatte sich nicht bis Sarajevo herumgesprochen, war mit dem früheren Leben in Zagreb geblieben. Und die Musiker hatten keinerlei Absicht, sich oder andere daran zu erinnern. Sie begannen ein neues Leben, auf das die beiden Jergović-Schwestern kein Recht hatten, weil ihnen für den Umzug nach Zagreb, wo man von ihrer Schuld nichts gewusst hätte, das Geld fehlte.

Tante Mila und deren Mann Bude waren lange Zeit die einzige Verbindung zur moralisch-politisch korrekten Welt der Mehrheit. Ich glaube nicht, dass sie es ihr gedankt haben.

Am Ende dieses Kapitels soll ein Bild stehen, das mit diesem Essay vielleicht nichts zu tun hat. Onkel Bude starb mit über achtzig Jahren, kurz vor seinem Tod versank er komplett in Altersdemenz. Er ging spazieren und wusste nicht mehr, wo er war. Er verlor sich zwischen Neubauten, in Straßen und Vierteln, die in den letzten vierzig Jahren gebaut worden waren. Sobald er ein Haus aus der Zeit vor 1941 sah, hatte er sofort wieder die Orientierung.

Genauso selektiv vergaß er Lebensabschnitte, ungeliebte Mitmenschen, Nachbarn, mit denen er seit Jahrzehnten Tür an Tür lebte. Die, die in seinem Alter waren, vergaß er nicht: Mit denen redete er ganz normal im Treppenhaus und erkundigte sich nach der Gesundheit.

Einmal starb einer aus der Verwandtschaft, vielleicht meine Nona, die Beerdigung stand an. Onkel Bude kleidete sich an und machte sich fein, er solle nicht allein gehen, sagten sie, er hörte nicht darauf und zog los. Nur ging er nicht zum Bare-Friedhof, auf dem bereits seit zwanzig Jahren alle Sarajlis unabhängig von Glauben und Nation beerdigt wurden, sondern zu Sankt Josef, wo das letzte Begräbnis vierzig Jahre zurücklag.

So spazierte der Ärmste über den Friedhof, der vom hohen Gras zugewuchert war; die Trauergesellschaft suchte er vergebens, ihn erschütterte aber etwas ganz anderes: So viele bekannte Namen auf den Grabsteinen, die ganzen Kollegen von der Hauptpost und aus dem Verein der Briefmarkenfreunde, deren Verwandte sowie etliche schöne junge Frauen, die im Kirchenchor gesungen haben. Und alle waren tot, und er hatte es nicht gewusst.

Ich war dabei, als er vom Friedhof zurückkam. Nie habe ich einen traurigeren Menschen erlebt. Bald darauf starb er. Am Alter, heißt es, vor Trauer, denke ich.

XLII

Paulina Slavka Jergović war die ungewöhnlichste von Vaters Tanten.

Nonne, lange Jahre Äbtissin des kleinen Klosters in der Cankareva-Straße in Mejtaš, das hinter der Mauer

zum Schulhof der Silvija-Strahimir-Kranjčević-Grund-
schule lag, die ich besuchte.

Spielten wir in der Turnstunde Fußball und der Ball
flog über die Mauer, bekamen wir ihn wieder, bevor wir
rufen oder – Gott bewahre – hinüberklettern konnten.

Meinem Eindruck nach musste eine Nonne Wache
schieben mit der einzige Aufgabe, den Ball zurückzu-
werfen.

Damals, Anfang der Siebziger, war Tante Paulina
nicht mehr dort.

Sie lebte in Zagreb, in einem Zagreber Kloster.

Mehrmals im Jahr besuchte sie die Schwestern und
lud bei jedem Besuch auch meine Mutter, Nona und
mich zu Tante Mila und Onkel Bude ein.

Ihre Ansichten waren streng, was sie im Gespräch
mit uns nicht gut verbergen konnte. Nicht sonderlich
charmant, war sie doch eine gute, moralische Person.

Meiner Mutter sagte sie, Štefanija, meine Großmutter, ihre Schwester, habe sich an uns versündigt.

Meiner Mutter bedeutete das viel. Heute noch muss
sie gelegentlich laut aussprechen, was ihr Tante Paulina
gesagt hat.

Auch zu Tante Mila sagte Tante Paulina, Štefanija
habe sich an ihr und Onkel Bude versündigt.

Sie wollte moralisch mit ihrer Familie ins Reine kommen, bemühte sich sehr darum, drängte sich aber niemals auf. Heute noch weiß ich sehr zu schätzen, obwohl Tante Paulina schon lange tot ist, dass sie Gott in
keinem unserer Gespräche – und wir unterhielten uns

zwischen meinem fünften und fünfzehnten Lebensjahr oft – weder in Anspielungen noch in Redewendungen erwähnt hat. Durch nichts versetzte sie mich in Unbehagen. Sie schätzte mich als Person, respektierte aber, wie ich erzogen wurde. (Meine religiöse Erziehung lässt sich auf die Anekdote reduzieren, in der Nona auf meine Frage hin, ob es einen Gott gibt, antwortete, für manche ja, für andere nicht.) Tante Paulina stellte weder unangebrachte metaphysische Fragen noch missionierte sie, wo es sich nicht gehörte.

Auf diese Weise prägte sie mehr als jeder andere Mensch meine bürgerlichen Erwartungen an Kirche und Geistlichkeit.

Ohne sie wäre mir die spezifisch katholische Indiskretion, mit der Männer in Soutanen oder Kutten anderen in Öffentlichkeit und Medien ihre metaphysische oder geistliche Kompetenz aufdrängen, vielleicht nicht aufgefallen, oder ich hätte sie hingenommen.

Kein Mensch, und sei er geistig oder seelisch noch so eingeschränkt, hat dasselbe Verhältnis zu sich und damit auch zu Gott wie ein anderer Mensch, selbst wenn es sich bei diesem anderen um Martin Heidegger oder den Papst in Rom handeln sollte. Jeder Rassismus, jeder Faschismus beginnt mit dem Leugnen dieser Tatsache.

Das hat mir Tante Paulina indirekt beigebracht. Sie ist ein wichtiger Akteur meiner katholisch-atheistischen und persönlichen Identität.

XLIII

Mitte der siebziger Jahre besuchte Vaters Tante Zlata die Heimat.

Ich war nicht ganz zehn und alles in allem ein vorbildlicher Pionier Titos, außer dass ich vielleicht schon zu viel wusste, aber das wussten meine Angehörigen nicht, und so mussten sie sich, damit meine kindliche Seele keinen Schaden nahm, eine interessante Reihe von Umständen einfallen lassen, die Tante Zlata ins ferne Buenos Aires entführt hatten.

Vater hat sich natürlich herausgehalten.

Den Crashkurs Familiengeschichte unter besonderer Berücksichtigung der ideologischen und politischen Aspekte übernahm meine Mutter.

Sie musste mir erklären, warum zwei Tanten des Vaters 1945 nach Argentinien flohen.

Sie musste sie ideologisch charakterisieren, ohne mich zu erschrecken oder zu ängstigen. Sie musste also hübsch verpacken, dass die Tanten bei der Ustascha mitgemacht hatten, durfte die Ustascha aber nicht erwähnen, denn das hätte mich sicher erschreckt. Wie aber sollte ich begreifen, worum es ging, wenn sie die Ustascha nicht erwähnte?

Der Rückgriff auf Anspielungen, aus denen die Ustascha-Vergangenheit der Tanten klar hervorgegangen wäre, war ihr verwehrt, denn das hätte mich auf jeden Fall erschreckt.

Andererseits durfte sie die historische Rolle der Ustascha keinesfalls aus taktischen Gründen relativieren. Das hätte für mich nicht nur bleibende Folgen haben können, ihr war auch klar, dass ich solche Manipulationsversuche durchschaut hätte.

Am Ende hätte ich vielleicht gedacht, sie hätte den Verstand verloren und befürworte die Ustascha.

Ich würde mich gern an das Gespräch erinnern, an das, was sie mir sagte, aber ich habe alles vergessen, ich weiß nur noch, dass sie es mir nachmittags auf dem Nachhauseweg von der Arbeit via Dalmatinska und Sepetarevac, wegen des steilen Anstiegs völlig außer Atem, erklärte.

Und ich weiß noch, dass ich zuhörte, obwohl ich längst Bescheid wusste. Ich wollte wissen, wie sich Mama aus der Affäre zog. Und dafür hat mich Gott bestraft und ließ mich alles vergessen.

Tante Zlata war eine alte Frau, der man die Ustascha-Vergangenheit nicht ansah.

Das überraschte mich. Ich hatte mir vorgestellt, dass Kollaborateure und Vaterlandsverräter irgendwie unnormal aussahen. Oma Štefanija zum Beispiel war in gewisser Weise nicht normal.

Ich vermute, dass die meisten Menschen so denken. Das Verbrecherische muss doch irgendwie im Gesicht des Verbrechers zu sehen sein: Eine Spur, ein Mal, der böse Gesichtsausdruck muss ihn verraten.

Aber Tante Zlata sah wie jede ältere Dame in Sarajevo aus und kleidete sich auch so. Sie sprach sogar mit diesem typisch Sarajever Tonfall und benutzte nur vereinzelt Archaismen, Wörter, die nicht mehr üblich waren.

Wenn sie früher bei der Ustascha gewesen war, konnte jede ältere Frau bei der Ustascha gewesen sein.

Die Entdeckung schockierte mich und war sehr unangenehm. Denn das hieß, dass die sich, anders als in Filmen und TV-Serien, nicht von uns unterschieden. Nach all den Jahren waren alle gleich, unsere Großmütter und Großväter glichen sich, unsere Väter glichen sich, vielleicht glichen sie sich schon während des Kriegs.

Der Gedanke, dass die Unterschiede nur in den Uniformen und Taten und Untaten bestanden, erschien mir subversiv. Niemand hatte mich darauf vorbereitet. Vielleicht fanden es alle außer mir selbstverständlich, dass zwischen guten und schlechten Menschen, Partisanen und Ustaschas, physisch keine Unterschiede bestehen.

In den zehn Tagen, in denen ich neben Tante Zlata auf dem Rücksitz von Vaters Renault saß, mit ihr auf dem Trebević, bei Tante Mila und bei einem Abendessen im ungarischen Restaurant war, sagte sie nichts, was mich an die Ustascha erinnerte oder nach Ustascha klang. Dabei lag ich bei jedem einzelnen Wort, das sie sagte, auf der Lauer.

Vielleicht war sie nach so vielen Jahren geläutert?

Aus der Sicht des Kindes war alles noch sehr lebendig, der Zweite Weltkrieg, die Partisanen, Ustaschas und Tschetniks. Mein Verstand funktionierte nicht so, dass ich mir ihre Eigenschaften als verblasst hätte vor stellen können. Ethische Kategorien – und für die Kriegsparteien kamen meiner damaligen Meinung nach keine anderen in Frage – waren unveränderlich und konnten nicht im Lauf der Zeit verschwinden. Ich war mir der Abfolge gesellschaftlich-politischer Epochen nicht bewusst, für mich maß sich die Zeit in Lebensjahren, ich konnte mir nicht vorstellen, dass ein Faschist ein guter Mensch werden kann.

Wenn wir an einer katholischen Kirche vorbeikamen, bekreuzigte sich Tante Zlata.

Das hatte ich noch nie gesehen. Die zeremonielle Geste war verlangsamt und theatralisch, alle sollten sie sehen.

Anschließend schickten mir beide Tanten Briefe aus Buenos Aires.

Ich antwortete ihnen, weil Mutter und Nona darauf bestanden. Sie sagten, das gehöre sich so und die zwei seien in Argentinien einsam, ich müsse ihnen brieflich Gesellschaft leisten.

Ich erinnere mich, dass sie mir schrieben, im Sommer (1978) sei die Fußballweltmeisterschaft in Argentinien, ich würde die Spiele sicher anschauen. Das passiere alle hundert Jahre nur einmal.

»Bei der nächsten Weltmeisterschaft in Argentinien sind wir alle längst tot.«

Diesen wunderlichen, gruseligen Satz habe ich mir gemerkt.

XLIV

Von den sechs Schwestern hinterließ nur eine ein Kind, meinen Vater.

Einige konnten keine Kinder bekommen, bei anderen verhinderten die Lebensumstände Hochzeit und Kinderkriegen, eine hatte sich Gott versprochen.

So wurde aus der großen Familie, die an einen Hasenstall erinnerte und dank des Spielers als Vater in winzigen Dachstuben hauste, eine Reihe von Einsamkeiten und Gräbern.

Ich weiß nicht, wann und wie Vaters Tanten in Buenos Aires gestorben sind.

Sie haben nie geheiratet und teilten sich bis zuletzt eine kleine Wohnung im Stadtzentrum. Die eine arbeitete in einer Strumpffabrik, die andere war Sekretärin. In ihrem Leben hatten sie nur das, was seit 1990 als Maß der kroatischen nationalen Identität gilt: die Liebe zum Vaterland und zu Gott.

Was für ein Unglück, was für eine Ödnis!

Am Ende lebe ich durch irgendeinen Zynismus der Geschichte in einem Land, in dem sich fast alle ihre Träume verwirklicht haben, und sehr oft fühle ich mich auch so.

XLV

Wenn auf Mutters Seite jemand sehr krank wurde, gab es die seltenen Momente, in denen wir eine wiedervereinigte Familie waren. Genauer gesagt, wenn jemand im Sterben lag.

Da meine Mutter eine Reihe von Tanten und Onkeln hatte, die alle über Siebzig waren, wurde im Lauf meiner Kindheit im Schnitt alle zwei Jahre gestorben, manchmal häufiger.

Egal, welche Krankheit der oder die Betreffende hatte, man rief meinen Vater.

Er kümmerte sich um den Kranken, brachte ihn in der besten Klinik beim besten Spezialisten unter, tröstete und besuchte ihn, sprach mit Mama über die Krankheit des Dahinscheidenden, sie wechselten lateinische Worte wie andere Paare Liebesschwüre, und nur dann lag in ihrem Verhalten ihm gegenüber kein Vorwurf.

Er hatte keine Gewissensbisse und war glücklich. Wie immer, wenn er nichts anderes als Arzt sein musste.

Ein paar Tage später starb der Kranke dann, und zwar immer mitten in der Nacht. Vater kam im weißen Kittel und dem Regenmantel darüber zu uns.

Alle waren wach und angezogen. Wir warteten auf etwas. Mutter formulierte die Todesanzeige, und Nona holte der Jahreszeit angemessene schwarze Kleidung aus dem Schrank.

Dann kam die Beerdigung.

Er stand in der ersten Reihe, als seien sie nicht geschieden und wir eine heile Familie.

Danach war Schluss. Bis zum nächsten Sterben in zwei Jahren.

Vermutlich habe ich bei den ersten Toten gehofft, diese unverhoffte Nähe würde sich nach dem Begräbnis fortsetzen. Vielleicht habe ich es auch nur so in Erinnerung.

Schließlich waren die alten Leute weggestorben.

XLVI

Familiäre Bindungen und überhaupt der Begriff der Familie ist für mich seit jeher mit alten Leuten verbunden.

Meine Verwandtschaft gleicht einem Altersheim. Sie ist sehr zahlreich und vielfältig, vor allem auf mütterlicher Seite, und besteht aus den Generationen, die zwischen 1880 und 1928 geboren wurden. Einige habe ich kennengelernt, andere nicht, weil sie vor meiner Geburt gestorben sind, aber in meiner Erinnerung und Fantasie sind sie lebendig und gegenwärtig.

Die Epochen, in denen sie lebten, die Kaiserreiche, Königreiche und Republiken, die Kleidermoden, die damals mondänen Kaffee- und Gasthäuser, Reisen nach Wien und Budapest, sonntägliche Mittagessen, bei denen sie zusammenkamen, ihr gesellschaftliches Ansehen, ihr Status, Theatervorstellungen, Premieren, Bälle und Sonntagsausflüge, die Kriege, in die sie zogen, die Hungerjahre, die Jahre des Wohlstands, Grippeepidemien und Schwindsucht, alle Tatsachen ihres Lebens, alle biografischen Angaben sind Teil meiner Erinnerung und Identität, und zwar deren wichtigster und gegenwärtigster Teil.

Im Grunde sind sie mir näher als die Tatsachen meines eigenen Lebens, die ich angeblich selbst erlebt habe.

Das ist einer der Gründe, wenn auch nicht der Hauptgrund für das Zerwürfnis mit der Gemeinschaft, in der ich lebe. Für die anderen sind Ante Pavelić, Milan Stojadinović, Stjepan Radić oder Kaiser Franz Josef historische Persönlichkeiten, deren Nichtanwesenheit sich kaum von der Nichtanwesenheit von Adam, Eva, Karađorđe oder Matija Gubec unterscheidet; für mich sind es Menschen aus meinem Leben.

Mich gehen die Ideale, Obsessionen und Leidenschaften ihrer Zeit mehr an als alles, was heute geschieht. Das kriege ich gar nicht richtig mit.

Vielleicht reite ich weniger wegen meiner Ustascha-Oma und deren Schwestern und dem einen Wehrmachtsonkel auf der kollektiven Verantwortung herum, sondern vielmehr, weil ich eher in der Vergangenheit als in meiner eigenen Zeit lebe, der Vergangenheit, in der meine Familie groß, weit verzweigt und kompliziert war. In meiner eigenen Lebenszeit, vor allem seit ich erwachsen bin, habe ich fast niemanden. Ich hätte jemanden haben können, aber ich wollte nicht. Sie waren mir zu jung.

Wenn ich die Phrase höre, die in den letzten zwanzig Jahren so oft benutzt wird, fühle ich mich jedes Mal schuldig: Man muss nach vorn schauen.

Das, was kommt, die Zukunft, hat mich nie interessiert. Schon in der Grundschule hieß Zukunft für mich: Morgen ist Montag und wir haben in der ersten Stunde Mathe.

Die Zukunft gehört den Selbstsicheren und Gedankenlosen. Sie gehört denen, die etwas mit sich anfangen können, denen, deren Fantasie verkümmert ist.

Die Fantasie richtet sich immer auf die Vergangenheit, man erfindet große Geschichten in der Zeit, die einem vertraut ist und in der man sich auskennt, weil sie vergangen ist.

Deswegen ist Science-Fiction ein Genre, das sich nur selten zur hohen Literatur erhebt, und selbst dann – etwa in *Per Anhalter durch die Galaxis* von Douglas Adams – versteckt sich dahinter eine klassische Erzählung aus der Vergangenheit, eine Komödie, Saga oder Groteske, eine verrückte Interpretation der alttestamentarischen Erzählung vom Jüngsten Gericht.

Ein historischer Roman hingegen, selbst wenn er schlecht oder ohne literarischen Anspruch geschrieben ist, hat immer etwas Aufrichtig-Privates, etwas, das in der Fantasie oder außerhalb erlebt und in die eigene Identität übernommen wurde.

Die Zukunft und mit ihr die Science-Fiction gehört

den Mathematikern, Physikern, ganz allgemein den Naturwissenschaftlern. Sie gehört denen, die die Galaxis wie ihre Westentasche kennen, die den gestirnten Himmel genauso präzise rekonstruieren können wie die Arten und Formen der Leukämie. Die Ähnlichkeit beider wird ihnen nie auffallen.

Meinem Vater, der am Sonntag gestorben ist, gehört meine Zukunft, und mir gehört seine Vergangenheit.

Ich lebe in dem, wovor er voller Angst zurückschreckte, und er lebt in dem, wovon ich nichts wissen will.

Die Phrase vom nach vorn schauen ist gefährlich dumm, klingt aber progressiv, und deshalb haben all jene, die Milošević oder Tuđman oder beide besiegen wollten, sie in Schlüsselmomenten ausgesprochen.

Nur in der Vergangenheit lässt sich lösen, was in der Vergangenheit geschah.

Von der Zukunft lässt sich das nicht sagen.

In der Zukunft löst man vermutlich Dinge, die nie geschehen werden.

Man muss wie Indiana Jones in Spielbergs Filmen sein Leben lang in die Vergangenheit zurückkehren, um doch noch etwas zu ändern, was bereits geschah.

Natürlich haben Mathematiker, Physiker und Astronomen recht, man kann nichts ändern, weder in der persönlichen noch in der allgemeinen Geschichte; trotzdem führt kein Weg an dem lebenslänglichen Versuch vorbei, die Ereignisse der Vergangenheit zu ändern, so weit die Erinnerung zurückreicht, was in unserer Zeit, in der die Vergangenheit auf Filmen festgehalten und im Fernsehen gezeigt wird, ewig sein kann. Es ist die einzige Möglichkeit, dass die Vergangenheit nicht gefälscht wird und aus dieser Verfälschung neue, noch schlimmere Metastasen erwachsen.

Unausweichlich werden Menschen und Gesellschaften, die nach vorn schauen und die Geschichte den Historikern überlassen, heroische Vergangenheiten erfinden, in der es auf unserer Seite nur Helden oder Opfer gibt, während auf der Gegenseite lauter Verbrecher stehen, Vergangenheiten, in denen unsere Mütter und Väter unseren Schulaufsätzen entsprungen sind.

In einer solchen Zukunftsgesellschaft werden Geschichtsbücher wie Wetterprognosen gelesen. Was darin geschrieben steht, geschieht in der Zukunft: Nehmen wir den Regenschirm oder das Maschinengewehr mit, wenn wir aus dem Haus gehen?

Das Schlachtfeld dieser Geschichte wird nach den Historikern von Archäologen und Forensikern erforscht, die jeweils aus dem Blickwinkel ihrer Wissenschaft der gefälschten, erfundenen Geschichte Wahrhaftigkeit bescheinigen.

Und keiner von ihnen hat damit ein Problem, denn die Geschichtsschreibung lügt nicht, indem sie mittelalterliche Könige oder Königsstädte erfindet oder die Personalausweise von Leichen aus Massengräbern vertauscht. Das machen nur Dilettanten und Hobby-Unternehmenshistoriker. Wahrhaft lügen heißt ignorieren; wer ernst genommen werden will, lügt, indem er fremde

Könige und die Massengräber, die unsere Helden mit Leichen gefüllt haben, verschweigt.

Wenn eine Nation, ein Staat, ein Kulturraum im Zentrum des Interesses stehen, als hätten auf tausend Kilometer ringsum keine anderen Völker, Staaten und Kulturen gelebt und existiert, dann ist das verlogen.

Auf den Landkarten dieser jüngsten Vergangenheiten gibt es nur Großserbien, Großkroatien, Groß-ungarn, und jedes dieser Länder ist so groß, dass es abgesehen von dem einen oder anderen Barbaren oder Kriegsverbrecher nichts und niemand anderem Platz bietet.

Und die Völker dieser Groß-Vaterländer blicken ausschließlich nach vorn. Die Vergangenheit ist ja bekannt. Die Vergangenheit der Großnationalen kennt nur Helden und Märtyrer. Die lebten ganz allein durch die tausendjährigen Zeiten höchsten Ruhms und arkadischer Idylle in behüteter Einsamkeit.

In kalten Nächten brachte höchstens ein Diener den Nachttopf oder eine Zofe Pantoffeln und Wärmflasche für die Herren Ahnen.

Die Sehnsucht nach Großserbien oder irgendeinem anderen Großreich ist auch die Sehnsucht nach trauter Abgeschiedenheit, der Menschenleere in tausend Kilometer Umkreis.

Deswegen also Jasenovac, Srebrenica oder Vukovar, nicht etwa, weil ein paar Leute Hitler nachmachten oder sich an denen rächten, die Hitler nachmachten. Unsere Schlachtfelder sind so originell wie unsere

Gründe fürs Schlachten. Massengräber sind Ausdruck der Sehnsucht nach Einsamkeit.

Deswegen ist es sinnvoll, in der Vergangenheit zu leben und nicht auf die Zukunft zu hoffen.

XLVII

Mein Vater ist gestorben, und damit sind wir am Ende.

Auf der Beerdigung war ich nicht. Mutter erklärte ich, es sei so sinnlos, Vaters Frau jetzt noch kennenzulernen.

Aber eigentlich wollte ich verhindern, dass man mich bei dieser letzten, symbolischen Begegnung mit dem Vater in Sarajevo sieht. Ich bin nicht mehr in Sarajevo, und das soll auch so bleiben.

Begräbnisse sind mir fremd.

Ich fühle mich nicht wohl bei Zeremonien, bei denen sich Menschen gegenseitig ins Gesicht starren und glauben, etwas zu sehen. Nichts bedroht die Intimsphäre und Würde eines Menschen so sehr wie derartige symbolische Situationen, Momente, in denen Wert auf den Blick von einem gelegt wird, der gerade zu begreifen versucht, dass ein Mensch, der ihm nahestand, nicht mehr ist. Dieser Blick ist immer seelenlos.

Ich akzeptiere weder die Symbolik noch derartige Zeremonien.

Ich will nicht, dass mich jemand ansieht und glaubt, er sehe etwas.

Vater hat mir die Sache leicht gemacht, weil er war, wie er war, und so hatte ich eine gesellschaftlich akzeptable Ausrede, um nicht zur Beerdigung zu gehen.

XLVIII

Mutter fragte mich, ob sie gehen solle. Sie wollte nicht selbst entscheiden. Ich fand, sie solle auf jeden Fall hingehen. Sie kann mit Begräbnissen etwas anfangen, sie versteht etwas davon. Für mich sind Friedhöfe wie Archive oder alte Telefonbücher. Ich mag sie sehr, nur nicht während einer Beerdigung.

XLIX

Ich habe keinem gesagt, dass mein Vater gestorben ist. Nur A. wusste es.

Andere erfuhren es zufällig von der letzten Seite der Sarajever Tageszeitungen.

Am Sonntag gingen wir, nachdem ich die Nachricht auf dem Mobiltelefon gelesen hatte, zum Markt, kauften Fleisch und Gemüse für das Mittagessen und an-

schließend wie jeden Tag sämtliche kroatischen Tageszeitungen.

Wir setzten uns in die Gaststätte, in der wir jeden
Sonntag sind. Ich schlug die Zeitung auf, für die ich
arbeite. Ich blätterte, bis ich auf eine Beilage stieß, ein
vierseitiges Feuilleton über Ante Pavelić.

Auf der ersten Seite war ein Foto des Führers, der ein
Enkelchen auf dem Schoß hat. Pavelić ist ganz gerührt
und in den Anblick dieser seiner Zukunft versunken.
Ein Großvater wie jeder andere, groß und ewig für die
Enkel. Aber wir wollen eigentlich nicht Pavelićs Enkel
sein. Ich jedenfalls nicht.

Unter dem Bild stand mit fetten Lettern: »Tschetniks
wollten Führer umbringen«.

Ich werde die Beleidigung, mit der der Hauptverant-
wortliche für dieses Feuilleton per sms auf meinen Hin-
weis antwortete, dass an dem Bild und dem Titel etwas
faul ist, weder vergessen noch aus meinem Computer
löschen.

Nicht, weil mich die sms in meiner strategisch gewählten Einsamkeit in Zagreb und überhaupt erschüttert oder beeindruckt hätte: Die Worte waren in ihrer
mörderischen Präzision eine ungewollte Hommage an
meinen Vater. Diese ewige Konfrontation mit Identitäten.

L

Mit Vaters Tod erlosch die Sarajever Linie von Marko Jergović, dem Spieler und Postboten aus Ličko Lešće. Auf der ganzen Welt gibt es keinen lebenden Jergović, der mit mir verwandt wäre.

Miljenko Jergović
Das Walnusshaus

Roman
Aus dem Kroatischen von Brigitte Döbert
616 Seiten. Gebunden.
ISBN 978-3-89561-391-3

»Jergović ist ein großartiger Erzähler.«
Karl-Markus Gauß, Die Zeit

»Jergović ist ein unerschrockener Protokollant der
Obszönität des Daseins im Allgemeinen und im Besonderen der Art und
Weise, wie die kleinen Leute der großen Geschichte zum ›Gebrauch‹
(Tišma) anheimfallen. Es ist ein magischer Erzählwind, der uns aus
diesem von Brigitte Döbert glänzend übersetzten Werk vom Balkan her
entgegenweht und das Gedächtnis der Bora wie des Jugo bewahrt.
Im Land dieser beiden Winde werden die Menschen fast ohne Unterlass
herumgewirbelt von Kräften, die größer sind als sie. Doch der Tod ist nicht
nur auf dem Balkan mitten im Leben. Man mache sich glücklich mit der
Lektüre dieses Buchs, bevor es zu spät ist.«
Andreas Breitenstein, Neue Zürcher Zeitung

»Vielleicht wirkt die Kraft des Erzählens so anziehend,
mit der Jergović ein Gleichgewicht zwischen kleinem Ereignis und
großer Historie, zwischen Einzelschicksal und Typologie findet.
Und vielleicht stimmt ja, was die junge Regina einmal vermutet:
›Geschichten, in denen alles glücklich endet, die kann man sich immer
ausdenken. Schreckliche Geschichten sind wahr.‹«
Nico Bleutge, Süddeutsche Zeitung

Schöffling & Co.

Miljenko Jergović
Buick Rivera

Roman
Aus dem Kroatischen von Brigitte Döbert
256 Seiten. Gebunden.

»Sehr überraschende Bilder und eine sehr schöne Sprache.
Ich finde, dass dieser Roman es wert ist, gelesen zu werden.«
Elke Heidenreich, Lesen!

»Mit Sprachgewalt und Komik lässt Jergović seinen
gefühlsphlegmatischen Helden im Verlauf der Geschichte gehörig
aus der Kurve fliegen. Ein brillanter Schriftsteller.«
Verena Araghi, Der Spiegel

»Der Roman eines großartigen Erzählers und Stilisten,
der von unbändiger, verborgener Liebe und radikalen
biografischen Schnitten erzählt.«
Sigrid Brinkmann, Deutschlandfunk

Schöffling & Co.

Miljenko Jergović
Freelander
Roman
Aus dem Kroatischen von Brigitte Döbert
232 Seiten. Gebunden.
ISBN 978-3-89561-393-7

»Ich bin gefangen in diesem großartigen Roman. Es ist die tiefe
Menschlichkeit des Autors, die selbst in Momenten des Grauens noch
über dem Text und selbst über den Figuren steht.«
Clemens Meyer, Welt am Sonntag

»Zu groß ist die literarische Wucht, Fantasie und Schreib-Lust dieses
Autors, als dass er nicht auch weltweit die Leser mit allen Sinnen erreichen
würde: Miljenko Jergović, ein europäischer Schriftsteller von Weltrang.«
Frauke Meyer-Gosau, Literaturen

»Er gilt als einer der größten osteuropäischen Schriftsteller.
In Miljenko Jergović hat der Gedächtnisraum Jugoslawien einen klugen,
differenzierten und anrührenden Chronisten und Archivar gefunden,
der alles in die Waagschale wirft für den Glauben an so etwas
wie die Möglichkeit einer besseren, friedlicheren Welt für uns alle.«
3sat Kulturzeit

Schöffling & Co.

Miljenko Jergović
Wolga, Wolga
Roman
Aus dem Kroatischen von Brigitte Döbert
336 Seiten. Gebunden.
ISBN 978-3-89561-394-4

»Mit Pljevljaks Familiengeschichte rollt der Rapport auch die Historie
Jugoslawiens seit den dreißiger Jahren auf – in einer atemberaubenden
Abbreviatur sowie gespickt mit fantastischen Figuren und aberwitzigen
Anekdoten. *Wolga, Wolga* erweist sich zuletzt als eine Groteske, der
eine bittere Komik innewohnt. Miljenko Jergović ist eine Meister des
melancholischen Exploits – mögen ihn die Energie seines Erzählens
und die Präzision seiner Fantastik noch meilenweit tragen.«
Andreas Breitenstein, Neue Zürcher Zeitung

»So kann der Fall Pljevljak auch als Sinnbild für das Schicksal
eines ganzen Landes gelesen werden. Als belehrend-einfältige Allegorie
freilich möchte Jergović seinen Roman keinesfalls verstanden wissen.
Stattdessen schlägt er die treffende Bezeichnung ›dokumentarische
Fantasie‹ vor – ein Genre, in dem man diesem grandiosen Erzähler
gern weiter folgen möchte.«
Christian Hippe, Literaturen

»*Wolga, Wolga* bewegt sich auf dem Schwebebalken
zwischen der Tag- und Nachtseite des Lebens und wirft viele
große Fragen auf. Was bleibt, ist das schaurig-melancholische Gefühl,
sie alle nicht beantworten zu können. Die Stille ist stärker als Worte.
Mehr kann ein Roman nicht leisten.«
Christine Hamel, Bayerischer Rundfunk

Schöffling & Co.

Miljenko Jergović
Sarajevo Marlboro
Erzählungen
Aus dem Kroatischen von Brigitte Döbert
Mit einem Nachwort von Daniela Strigl
200 Seiten. Gebunden.

ISBN 978-3-89561-392-0

»Jergovićs erstes Buch ist nun noch einmal neu übersetzt worden,
eine Ehre, die den wenigsten Debüts widerfährt, zumal zu Lebzeiten
des Autors. Die wunderbare Übersetzung von Brigitte Döbert verleiht
dem scheinbar alltäglichen Ton Stimmigkeit und Eleganz.
Sie erlaubt die Neuentdeckung des Debüts.«
Jörg Plath, Deutschlandradio

»Beeindruckend und anrührend, tendenziell versöhnlich
und analytisch wertvoll. Mit diesen bewegenden Geschichten,
die Sentimentalität unsentimental und in äußerst lakonischer Verdichtung
darreicht, ist Jergović so etwas wie die Balkan-Version von Marcel Prousts
Madeleine-Epiphanie gelungen. Miljenko Jergović ist wegen seiner
ungnädigen späten Geburt zwar nicht zum Totengräber eines
hinfälligen Systems, wohl aber zum virtuosen Chronisten einer
notwendigen Desillusionierung geworden.«
Hendrik Werner, Die Welt

»Dies ist ein wirklich gutes Buch.
In den Kurzgeschichten Jergovićs wurden die Kämpfe nicht fortgesetzt,
wurde nicht abgerechnet und gerichtet, sondern sie zeigten das Ringen
einzelner Menschen mit sich selbst und mit der plötzlich feindlichen Welt.
Jergovićs Figuren halten am Leben fest. Mit der Darstellung ihrer Nöte
und zerbrechlichen Würde verteidigt der Autor das Humane gegen den
Krieg. Dazu dient ihm eine knappe Sprache von schlichter und rauer
Schönheit, die auch große Worte nicht scheut.«
Sandra Kerschbaumer, Frankfurter Allgemeine Zeitung

Schöffling & Co.